成功从目标开始（第2版）

——大学生目标指导手册

主　编　冯正广
副主编　陈　程
编　委　李小红　钟婉音　徐　乐

西南交通大学出版社
·成　都·

图书在版编目（CIP）数据

成功从目标开始：大学生目标指导手册 / 冯正广主编. —2 版. —成都：西南交通大学出版社，2020.3（2020.12 重印）
ISBN 978-7-5643-7394-8

Ⅰ. ①成… Ⅱ. ①冯… Ⅲ. ①大学生 – 职业选择 – 手册 Ⅳ. ①G647.38-62

中国版本图书馆 CIP 数据核字（2020）第 041102 号

Chenggong Cong Mubiao Kaishi

成功从目标开始

——大学生目标指导手册

（第 2 版）

主编　冯正广

责任编辑	黄淑文
封面设计	原创动力
出版发行	西南交通大学出版社 （四川省成都市二环路北一段 111 号 西南交通大学创新大厦 21 楼）
发行部电话	028-87600564　028-87600533
邮政编码	610031
网　址	http://www.xnjdcbs.com
印　刷	四川煤田地质制图印刷厂
成品尺寸	165 mm × 230 mm
印　张	14
字　数	208 千
版　次	2020 年 3 月第 2 版
印　次	2020 年 12 月第 8 次
书　号	ISBN 978-7-5643-7394-8
定　价	38.00 元

在目标中成为“自己”
（代序）

学生一进校门就要根据自己的兴趣爱好和特长，在教师和辅导员的指导下选择将来的发展方向，并依据将来想要从事岗位的要求安排自己的学习和实践。

——四川大学锦城学院院长　邹广严

总结大学生涯的关键词，一定会有很多人说出两个字：迷茫！

在进入大学前的18年间，我们很少迷茫。因为，大部分人都有一个清晰的目标——考入大学！在这个目标的引领下，我们充实而忙碌，夜以继日地埋头苦读、反复练习、反复背诵，在“小升初”、中考、“一诊、二诊、三诊”的既定路线中不断升级打怪。经过严苛残酷的考试，我们没有被压垮，而是成功地走了过来，这证明我们是坚定的、健康的高考成功者，这是高考带给我们的最大意义。

然而很多人虽然实现了“进入大学”的目标，却并没有成功、成才，反而困惑逐渐变多。为什么？因为曾经的我们，是在升学制度中“被选择”的那一个，一旦从这样的约束中走出来，天高海阔，“我想成为一个怎样的存在？”“我将成为一个怎样的存在？”这样的开放式问题远比高考的试题更难解答！

于是，“迷茫”成了大学生涯的普遍现象。

现代社会尤其是社交媒体的发展带来的“错失综合征”，加剧了人们在迷茫中的恐慌，这种恐慌伴随着当下的低价值感、无获得感以及对未来的不确定感。导致这一切的一个最重要的原因，很多人忽略了、忘记了，那就是目标的缺失。如果你想要成功的大学生活乃至成功的人生，就必须尽早制订目标并根据实际情况及时修订目标，这一点尤为重要。

没有目标的大学，转瞬即逝；

没有目标的生活，浑浑噩噩；

没有目标的努力，困惑相伴；

没有目标为之奋斗，迷茫永在。

人都是意义动物，其他动物不会追问它的行为的意义，人却会反复追问“为什么这么做”。意义就是目标。当你想要执行某项行动时，制订目标是第一步；如果你想要一个懒人行动起来，与其打他骂他，不如给他一个强大的目标，促使他行动。目标就是动力，目标就是方向，制订目标应该成为我们生活的一种习惯。

目标是最好的自我管理；

目标是成功的开始；

目标塑造改变你的一生！

目标帮我们聚焦人生的方向！伟大的人并非精力无穷，而在于其能量不耗散。目标能帮我们将所有的选择、行动、能量都聚焦到一个既定的方向！因此我们说，不是杰出的人有目标，而是有目标的人杰出！

目标让我们头脑清晰、告别困顿。迷茫源于无法选择，它的艰难在于“选择就意味着放弃”！所以确定目标是需要勇气的，唯有清晰的目标才会赋予你放弃的勇气！当你明白心中所想，就会知道，摆在你面前的选项并非都是自己需要的。

目标是一个人前进的动力，如果没有目标，人就会变得无聊、孤独、彷徨。一个人没有远期目标，就会没有气势；没有中期目标，就会没有精神；没有短期目标，就会变得懒惰。

而现实的情况是，你的专业也许是父母选的，你对自己的未来并没有进行认真的思考，谈何清晰的目标？！

因此，我们要强调“自我创设”的重要。

马斯洛的需求理论说，人的最高需求是“自我实现”。它说明了人心中的一种渴求：我不想成为世界的一个意外，我不能作为一个偶然而存在！但是，什么是你的“自我”？当我们在高考制度中艰难前行时，

“我”其实是作为社会和父母期待的“应该自我”而存在的；进入大学之后，你有机会并且也应该思考自己心中的“理想自我”，并将其作为自己的目标而努力。如果不想永远活在别人的要求和影子下，那你就要提升自己的主权指数，加强自己的主体意识，并且努力地进行“自我赋能”“自我赋义”！

自我赋能有一个重要的基础——认出自己！

“我就是我，我和别人如此不同，因此我的目标也将不同。”在这本书中，除了用传统的心理学知识帮助同学们进行充分的自我探索外，我们还引入了一个重要的概念：长板原理！这个原理指出：一个人，在其基本面可以的情况下，他的成功取决于他所具有的最长的那块“板”。“长板”是一个人的天赋所在，是和别人不一样的地方，是让人能在最舒服、自然、流畅的状态下获得成就和自我满足的方式。长板原理的提出甚至发展了马斯洛的“自我实现”，能让人进入“无我实现”的境界！自我的充分认知将有助于你设立真正属于“自己”的长远目标。

除了自我认知之外，我们还将引导大家去了解世界。社会是怎样的？我们将面临什么样的职业环境？我通过大学的学习跨入社会时，需要实现一些怎样的能力储备？这将有助于大家去订立自己的中期目标。但同时，我们也需要看到，世界上唯一不变的是“变化”，在人工智能时代，社会和职业环境将发生天翻地覆的变化，我们现在将其作为奋斗目标的职业在未来甚至会消亡，因此我们更应该着重去培养那些给人的发展带来持久动力的能力，比如学习能力、创造力，甚至是与人工智能共处的能力。

一旦拥有自己的目标，你就将与别人不同，因为你知道自己想要什么，你不会随波逐流或焦虑浮躁，你不会犹豫不决经历选择的痛苦，你的目光坚定有神，你的行动充满激情，你忙碌而充实，你的潜能会得到激发，你的能力会有巨大的提升，你可能经过别人难以想象的困境与苦难却毫无回避与抱怨，因为你心中激荡着伟大的目标。

当然，我们还要强调目标的有效性。目标没有高低雅俗之分，这些都需要根据个人实际来确定，没有一定之规。不管怎么说，有目标比没有目标好。从短期目标来说，目标低了，不感兴趣；目标高了，达到的可能性就小，人就会失去信心。有效的目标不是最高远的那一个，而是最有可能实现的那一个。具体来说，有效的目标必须是具体的，是可以量化的，是能够实现的，而且是有时间期限的。舍此，目标就属空谈和白日做梦。

阅读本手册的最大价值和最大任务是你必须找到自己的大学目标。本手册包括以下内容：（1）目标的意义；（2）自我认知和长板原理；（3）环境认知和未来世界；（4）确定一个有效和适合自己的目标；（5）计划与行动。

阅读本手册需要一个安静的地方，也有可能需要反复阅读与思考并且要填一些表格。我们当然希望重要的事情简单化，目标设立越早越好，但目标关乎人生大事，肯定有一个过程，一般的同学，在大学一年级完成目标设立是最好的了。据说哈佛大学图书馆有一句箴言——“当你觉得为时已晚之时，恰恰是最早的时候。”套用这句话就是“有目标，任何时候都不晚。”

2019年12月
作者

目 录 Contents

第一篇

为什么要设立目标

目标是成功的方向

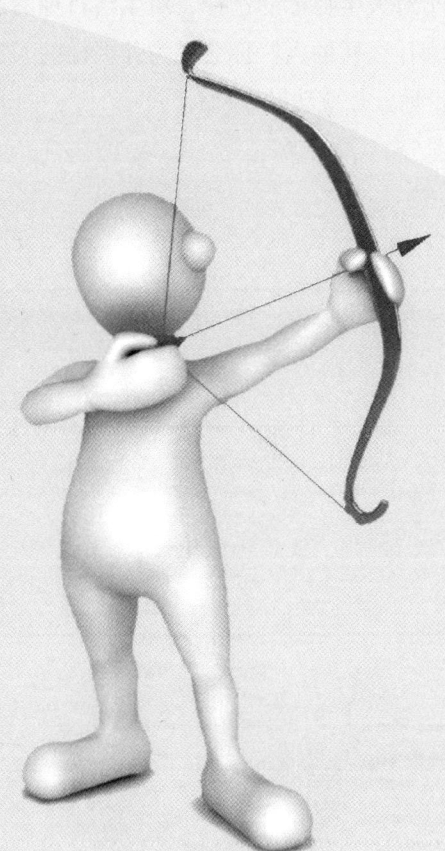

一、看到未来，才能把握现在

只有看到未来的人才能把握现在，而只有把握住现在的人才能看到未来。

亚里士多德说：人是一种寻找目标的动物，他生活的意义仅仅在于是否正在寻找和追求自己的目标。目标之所以有用，就是因为他能够帮助我们从现在走向未来。

上大学最重要的意义在哪里？在于学会钻研、学会思考，形成正确的人生观和价值观，获得让自己一生受益的思想和智慧。人生观和价值观其实就是一种选择，最大的体现是在于对人生目标的选择、对生活目标的选择、对发展目标的选择。你选择成为什么样的人？你会成为什么样的人？你的选择将造就你的未来。因为，目标就是成功的方向！

请阅读以下 3 个故事。

不同的目标带来不同的人生

某著名大学有一个关于目标对人生影响的长期跟踪调查非常著名，它也用来教育大学新生。

这个调查的对象是一群智力、学历、环境等条件差不多的年轻人。最初是：27%的人没有目标，60%的人目标模糊，10%的人有清晰但比较短期的目标，只有3%的人有清晰而长远的目标。25年后，针对同一批人，调查者发现，那3%的人25年来基本没有改变自己的人生目标，25年后他们几乎都成为社会的顶尖成功人士。那10%的人的共同特点是，短期目标不断达成，生活状态逐渐上升，成为各行各业不可缺乏的专业人士，如医生、律师等。60%的目标模糊者，几乎都生活在社会的中下层，生活工作平平庸庸。27%的无目标者几乎都生活在社会的最底层，常常失业，依靠社会救济，还常常怨天尤人。

调查结论告诉我们：不同的目标会带来不同的人生。

目标对人生影响的长期跟踪调查（25年的期限）

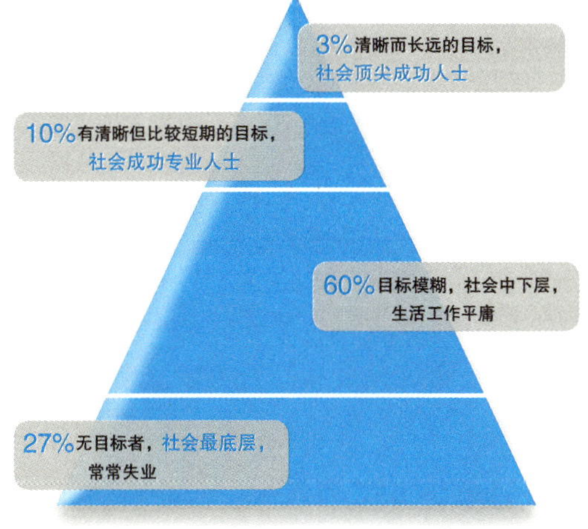

“功亏一篑”

1952年7月4日清晨，美国加利福尼亚海岸笼罩在浓雾中。在海岸以西21英里的卡塔琳娜岛上，一位34岁的妇女跃入太平洋海水中，开始向加州海岸游去。要是成功的话，她就是第一个游过这个海峡的妇女。这名妇女叫弗罗伦丝·查德威克，在此之前，她是游过英吉利海峡的第一位妇女。那天早晨，海水冻得她浑身发麻。雾很大，她连护送她的船都几乎看不到。时间一个小时一个小时地过去，千千万万人在电视上看着。有几次，鲨鱼靠近了她，被人开枪吓跑了。她依然在游着。

15个小时之后，她又累又冷，她知道自己不能再游了，就叫人拉她上船。她的母亲和教练在另一条船上。他们都告诉她离海岸很近了，叫她不要放弃。但她朝加州海岸望去，除了浓雾什么也看不到。几十分钟后，从她出发算起也就是15个小时55分钟之后，人们拉她上船。又过了几个小时，她渐渐觉得暖和多了，这时却开始感到失败的打击。她不假思索地对记者说：说实在的，我不是为自己找借口，如果当时我能看见陆地，也许我能坚持下来。

人们拉她上船的地点，距加州海岸只有半英里！查德威克一生中就只有这么一次没有坚持到底，两个月之后，她成功地游过同一个海峡。

查德威克失败的原因是因为她在浓雾中看不到目的地。如果那天没有大雾，她就不会丧失信心而放弃最后的努力。这个故事告诉我们：要想获得成功，就必须要确定一个清晰可见的目标，因为目标是人奋勇向前的动力源泉。

要想获得成功，
就必须要确定一个清晰可见的目标

励志青年的意外结局

在剑桥大学，很多教授会用这样一个故事向新生阐释目标的意义。一条腿患有慢性肌肉萎缩症的伦敦青年斯尔曼，凭着坚强的毅力和信念创造了令人瞩目的成就：19岁时登上珠穆朗玛峰，20岁时登上阿尔卑斯山……28岁前他登上了父母列出的世界上所有的山峰。然而就在28岁的那年秋天，他突然自杀了。斯尔曼的父母在他11岁时攀登乞力马扎罗山遇难，临行前留下的遗嘱是希望他能登上一座座世界著名高峰。斯尔曼把实现父母的遗愿作为人生奋斗目标，这个目标使他创造了奇迹。实现后，他感到前所未有的空虚与绝望。他在遗言中说："功成名就的我感到无事可做了，我没有了新的目标。"斯尔曼以病弱之躯征服世界之巅的奇迹和令人意外地选择放弃生命的悲剧，其间鲜明的反差让人感到目标对于生命的重要。

当一个人没有目标时会感到迷茫和空虚，有时这种迷茫和空虚甚至是致命的，斯尔曼的故事告诉我们：失去了人生目标，可能会失去人生的全部。

我们每一步迈向哪里，每天迈出几步，决定了我们最后会走到哪里。

目标在人的成长过程中有着极为重要的作用！目标就像人的眼睛，让我们看清前方的道路；目标就像汪洋大海的灯塔，指引着人生的航程；目标就似号角，时刻催人奋发、催人启程。有了明确的发展目标，才能激励人们去努力奋斗，积极创造条件去实现目标。每一个成功的人都有伟大的梦想，每一个成功的人都是在达成无数的小目标之后，才实现他们伟大的梦想。在目标的指引下，人们宛如上紧弦的发条、拉满弓的箭，展示出常人所难以想象的意志和力量，变得更加朝气蓬勃、英勇无畏。设立远大目标并不断挑战自己的人，一定可以在不同的领域获得属于自己的回报。

（一）现代年轻人的困局——选择恐慌与错失恐惧

2013年，一个叫“FOMO”的词被加入牛津词典，这是错失恐惧症的简称，指的是科技发展特别是社交媒体发展而引起的一种全民焦虑的状态。错失恐惧症已经变成了现代人的常态，拥有了更多的选择，但却陷入了一种担心别人拥有的更好或者我们会错过更好的恐惧中。

现在的年轻人在生活和个人发展上有了更多更好的选择，但是困惑和焦虑却更多，这是因为选择还有另一个名字，叫作——放弃。在时间和精力都有限的情况下，选择 A 即意味着放弃 B。选择不了，是因为不知道自己想要什么，更或者说，是因为放弃不了。无法选择、无法取舍，这就是青年人的“迷茫”。比如，我们大学生，有些人刚入校报了好几个社团，什么都想要尝试；有些人看到别人考证，自己也想去考；还有些人想考研，又怕备考的过程中错过了好的工作单位。

世界上优秀的人无数，其间伟大之人，他们并非精力无穷，而是聚焦而不耗散。找到自己的目标，就会明白自己的需要和别人的需要是不一样的，明白摆在自己面前的选项不是都有效的，这样才能走出属于自己的一条路。

所以我们说，目标也是一种放弃，选择也需要勇气！

明智选择的11个方法：

1. 把精力集中在最重要的选择上；
2. 成为选择者，而不是捡拾者；
3. 做一个满足者，而不是最大化者；
4. 别太在意机会成本；
5. 做不可逆的选择；
6. 培养感恩之心；
7. 告诉自己不后悔；
8. 为适应做好心理准备；
9. 控制过高的期望；
10. 学会避免社会比较；
11. 把选择的限制看成解放而非束缚。

（二）理想自我与自我赋能——自我差异理论和聚焦调节效应

Higgins的自我差异理论认为，人有三种基本的自我：一是“现实自我”，是指自己或者他人认为个体实际上所表现出来的特征；二是“理想自我”，是指个体认为自己或者他人所希望自己具备的特征；三是“应该自我”，是指自己或者他人认为个体有义务或责任具备的特征。自我差异实际上就是指“理想自我”与“现实自我”以及“应该自我”与“现实自我”之间的差距。这种差距会导致不同的情绪感受，而且会不断驱使个体缩小这种差距。[1]

在自我差异理论的基础上，Higgins在1997年又提出了调节聚焦理论。这个理论进一步关心个体的目标是来自个体本身的愿望还是应该担负的责任。以个体本身愿望为目标的人聚焦于达成个人重要的希望、理想和愿景，关注的是成长、发展、成就等需求，即“理想自我导向”。以应该担

---

1 何伊丽．动机分析新视角：调节聚焦理论[J]．东莞理工学院学报，2015（04）

负的责任为目标的人重视的是安全、责任和达到自己应尽的义务和职责，或扮演所接受教育中的社会角色，即“应该自我导向”。这两种不同类型的导向在行为动机、追求的目标结果、采用的战略方式、对结果的反应及情感体验等方面都存在差异性。比如，一个“理想自我导向”的学生努力学习，可能是为了在班级成绩排名中获得好的名次；而一个“应该自我导向”的学生可能仅仅是为了完成来自父母或老师的要求。在这样的情况下，同样是为了获得高分，前者可能在老师分配的内容之外阅读更多，以此提高自己、达到目标；而后者更可能是小心认真地完成老师所布置的任务，避免得不到高分的情况出现。

没有自己，就只能跟着别人走！

目标，其实就是对“理想自我”的一种具象化的描述。有了目标，我们才能进行自我赋能。所谓赋能，就是给予他人力量。对于自己的发展来说，他人赋予的力量总是有限的，只有自己给自己力量才能长久坚持！但如果心中没有对“理想自我”的渴望，自我赋能就无从谈起。

当下的年轻人很喜欢提理想，但在现实生活中，很多人对“真实自我”并没有清醒的认识，无法客观地评价自己；同时对“理想自我”又没有明确而合理的想法，而且还常常受困于父母或社会强加给自己的“应该自我”，或者根本混淆着“理想自我”和“应该自我”。因此，很难知道什么是自己的理想，难分清“理想”与“现实”的区别，更别提找到最合理的缩小距离的路径了。

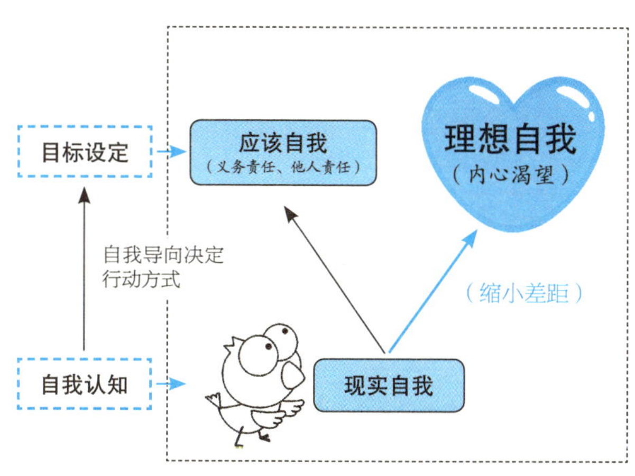

（三）潜能激发、动力充沛——目标设定理论

美国马里兰大学管理学兼心理学教授洛克（E.A.Locke）有一个著名的“目标设定理论”（Goal Setting Theory），认为目标本身就具有激励作用，目标能把人的需要转变为动机，使人们的行为朝着一定的方向努力，并将自己的行为结果与既定的目标相对照，及时进行调整和修正，从而能实现目标。这种使需要转化为动机、再由动机支配行动以达成目标的过程，就是目标激励[1]。

当我们拥有目标时，目标是一个人试图完成的行动的目的。设置合适的目标会使人产生想达到该目标的成就需要，因而对人具有强烈的激励作用。重视并尽可能设置合适的目标是激发动机的重要过程。

高考可能是一种最好的目标激励制度，在考入大学的目标的引领下，学生们充实而忙碌，夜以继日地埋头苦读、反复练习、反复背诵。但进入大学之后，经历了大一初期的集中式忙碌，好多同学就逐渐迷茫与沉沦。毕竟，顺利毕业是绝大部分人都可以完成的事情。如果心中对自我的成长和发展没有热切的渴望和明确的目标，你很难保持高中时期那样埋头苦读、撸着袖子干的拼劲，你会忘记努力和奋斗是什么。因此，为自己找到一个目标，是摆脱沉沦、告别平凡的重要方式。

有目标才有方向，有方向才能朝着目标前进……

1 刘峰，徐雪，徐欢，张建民．洛克定律在中职提高育人质量中的实践研究——以数控技术应用专业为例[J]．现代职业教育，2019（06）

成功的道路由目标铺成

心理学家曾经做过这样一个实验：组织三组人，让他们分别向着10千米以外的三个村子进发。

第一组的人既不知道村庄的名字，又不知道路程有多远，只告诉他们跟着向导走就行了。刚走出两三公里，就开始有人叫苦；走到一半的时候，有人几乎愤怒了，他们抱怨为什么要走这么远，何时才能走到头，有人甚至坐在路边不愿走了；越往后走，他们的情绪也就越低落。

第二组的人知道村庄的名字和路程有多远，但路边没有里程碑，只能凭经验来估计行程的时间和距离。走到一半的时候，大多数人想知道已经走了多远，有人说："大概走了一半的路程。"于是，大家又簇拥着继续向前走。当走到全程的四分之三的时候，大家情绪开始低落，觉得疲惫不堪，而路程似乎还有很长。当有人说："快到了！""快到了！"大家又振作起来，加快了行进的步伐。

第三组的人不仅知道村子的名字、路程，而且公路旁每一公里就有一块里程碑。人们边走边看里程碑，每缩短一公里大家便有一小阵的快乐。行进中他们用看里程碑的快乐消除疲劳，用坚定的步伐丈量行走的路程，所以很快就到达了目的地。

心理学家得出了这样的结论：当人们的行动有了明确目标，并能把自己的行动与目标不断地加以对照，进而清楚地知道自己的行进速度和与目标之间的距离的时候，人们行动的动机就会得到维持和加强，就会自觉地克服一切困难，努力达到目标。

（四）想象与虚构的力量——期待效应

美国著名心理学家罗森塔尔和雅格布森提出了“期待效应”，即皮格马利翁效应，也称“罗森塔尔效应”，它指人们基于对某种情境的知觉而形成的期望或预言，会使该情境产生适应这一期望或预言的效应。

期待效应是说人心中怎么想、怎么相信，就会如此成就。你期望什么，你就会得到什么，你得到的不是你想要的，而是你期待的。只要充满自信地期待，只要真的相信事情会顺利进行，事情一定会顺利进行；相反，如果你相信事情会不断地受到阻力，这些阻力就会产生。成功的人都会培养出充满自信的态度，相信好的事情一定会发生。这种称为积极期望的态度是赢家的态度。即使你期待时所把握的资料是不正确的，你仍然会得到你所期望的结果。在我们生活中，别人对我们的期望以及我们对自己的期望，都会对我们生活是否愉快产生重大的影响。[1]

期待效应其实就是暗示的力量。如果你内心有某种渴望，那可以将自己的渴望进行明确，形成目标并开始行动，相信自己能够通过努力不断接近目标。不断给自己心理暗示并踏实努力地行动，就真的能踏上梦想成真的基石！

心理学家罗斯塔尔于1968年对美国一所小学随机选取18个班，对18个班的学习进行了“煞有其事”的发展预测。然后他以赞赏的口吻将有优异发展可能的学生名单通知有关老师，当老师对名单中的部分学生有迷惑时，罗斯塔尔解释说，他讲的是学生的发展，而不是现在的基础。这样，教师们从内心承认了这份名单。8个月之后，他又来到这所学校，对18个班的学生进行复试，结果发现，他所提供的名单里的学生，成绩增长比其他学生快，并且在感情上显得活泼、开朗、求知欲旺盛，与教师的情感也特别深厚。但事实是他所提供的名单是随机的，并没有特意筛选，真正起作用的，是他们的期许和努力。

1 许慧娟．皮格马利翁效应or期望效应[OL]http://blog.sina.com.cn/s/blog_6aad06030102xfl2.html，2016-6-14

（五）尽早启动人生之轮——飞轮效应

飞轮效应是指为了使静止的飞轮转动起来，一开始你必须使很大的力气，一圈一圈反复地推，每转一圈都很费力，但是每一圈的努力都不会白费，飞轮会转动得越来越快。当达到一个很高的速度后，飞轮所具有的动量和动能就会很大，使其短时间内停下来所需的外力便会很大，因此飞轮便能够克服较大的阻力维持原有运动。[1]

所谓万事开头难，努力出成效。如果没有开头，就不会有后面的成功。飞轮要转起来，需要有一个固定的轴心，要明白因何而转，才能日复一日围绕一个轴心不停地转动，直到形成强大的能量。对于我们的人生而言，就是需要一个明确的目标，并围绕它不懈努力。也许开始的时候很艰难，很难看到成效，但越是长远宏大的目标，越是需要日积月累的投入，当积累到一定的程度后，自然能感受到努力不会白费的道理。

管理专家及畅销书作家吉姆·柯林斯调查了1435家大企业，经过调查、比较、研究，吉姆吃惊地发现：在从优秀公司到伟大公司的转变过程中，根本没有什么“神奇时刻”，成功的唯一道路就是清晰的思路、坚定的行动，而不是所谓的灵感。成功需要我们每个人排除一切干扰，把精力集中在最重要的事情上，全力以赴去实现目标。

在青年时期，如果能尽早地摸索出自己人生的方向，设立远大的目标，那自己的人生之轮也就可以尽早启动起来。现在或许推得很缓慢、很费力，但是也许能尽早地收获飞轮快速运转带来的畅快和喜悦。

1　董希淼．数字经济时代的“飞轮效应”[D]．证券日报．2019-03-30

二、成功是对目标的诠释

成功就等于目标，其他都是对它的解释。

——美国个人成长权威　博恩崔西

商业巨子JC·宾尼说：“一个心中有目标的普通职员会成为创造历史的人；而一个心中没有目标的人，只能是一普通职员！”同样，一个心中有目标的大学生将收获非凡的大学经历，而一个心中没有目标的大学生，他仅仅是一个大学生而已。

美国19世纪哲学家、诗人爱默生说：“一心向着自己目标前进的人，整个世界都会给他让路！”。

在天赋、智慧、机遇、能力、勤奋、斗志、毅力、激情、信心、态度、坚持等成功要素背后，需要靠目标来驱动和激发；成功因素很多，但只要你有目标，一切迎刃而解。

（一）目标带来什么

1. 目标使你保持自我激励　在成长的过程中，自我激励是十分重要的。目标是个人发自内心的渴望，赋予人实现愿望的激情和努力向前的决心。随着一步步靠近目标，人将获得成就感，将形成更加积极阳光的心态。

2. 目标促使你进行自我挑战　目标意味着对现状的不断反思，对缺点的不断弥补，对优势的不断发挥，对能力的不断提升，对自我的不断完善。越远大的目标越能促使你发挥潜能，战胜自己的弱点，这是一个不断挑战自我、升华自我的过程。

3. 目标使你学会自我管理　从高中生到大学生，一项重要的转变是如何习惯不再依赖家长和老师的管理。大学生离开父母不再有他们的耳提面命，课程安排也相对宽松，每个人都拥有较多的自由时间。大部分人不习惯自由，将业余时间花在了游戏、泡沫剧、淘宝之上，产生了所谓的迷茫。目标使你看清楚自己的方向，不会因为没有老师和家长的监督就停止前进，让你实现自我管理。

4. 目标使你加速自我增值　目标的实现需要不断地进步。为了早日实现自己的目标，你不会满足于日常的上课下课，而会进行更多的知识补充、实践锻炼和经验积累，加快个人提升，获得更快的成长速度。

5. 目标使你更重效率，把握重点　目标能让你更加清楚事情的轻重缓急，能在纷繁芜杂的选择中找到重点，以便将有限的精力投入到更有价值的事情上面。

6. 目标提升大学学习生活质量　大学是踏上人生旅途的一个重要的基石，4年的时间改变了很多人，使他们获得蜕变，走向优秀与卓越；也有很多人没有任何进步和改变，或者变得更为平庸和懦弱。这与目标带来的驱动力有莫大的关系。

7. 目标是成功的要求　有了目标，才会往一个成功的方向坚定地走下去。所有成功人士，都有一个突出的特征，那就是有坚定的方向性。有目标也有行动的人，往往是成功所青睐的人。

做大自己的圆

让自己在面临选择时有更多的可能性，使成功的概率更高，唯一的办法就是不断做大自己的圆。外界的东西我们改变不了，能改变的只有自己。不和自己无法掌控的人或事较劲，本身就是一种大智慧。

属于自己的这个圆里面都有哪些东西呢？内容很多，如兴趣、价值观、性格、知识、能力、素质，个人品行，修养，心态，思维模式，资源等。

怎样做大自己的圆？

先为自己的未来确定一个方向。有了目标，心就定了，就知道该往哪儿使劲了。定慧等一。心定了，就有智慧了。

然后围绕这个目标读书、参加培训、做研究、写文章、增加工作阅历和实践经验、加入专业的圈子、有针对性地结交相关朋友，向他人学习，从实践中学习，勤于思考，日积月累，就会不断做大自己的圆。

圆做大了，机会就多了。

（二）你为什么不设立目标

从小到大，老师或家长都教育我们要设定目标，也许你也希望为自己的未来作筹划，可为什么还是有那么多人只是想想却不去做，过着没有目标的生活呢？主要原因有以下5种：

1. 不知道需要做　当代年轻人习惯了依赖父母和老师，在生活上看似很有个人主见，对未来却缺乏独立的思考，对个人定位认识模糊。对于个人的发展往往师长说一步动一步，或者看到同龄人做什么自己也想做什么；不知道目标是生命的转折点，不知道每个人都需要有自己独特的目标。

2. 害怕做　有了目标，就会有压力，就会有比较，就会面临挫折，就会带来很多“麻烦”。不如轻松快乐地过，好好享受难得的大学生活，反正这个世界大部分人都没有目标。但是这是在透支未来的快乐。想要未来成功，就要找到成功的阶梯，并勇敢地走上去。

3. 光说不做　一遍又一遍地下决心要设立目标，但是明日复明日，一直不落实。即使设立了目标，但是到学习生活中又忘记了它的存在，结果形同虚设。

4. 不知道怎么做　不知道如何去设定目标，不知道自己的目标是否正确，不知道如何筛选有价值的目标，不知道目标用什么方法去实现，不知道目标有了变化怎么办。

你是要成功，还是要听别人的话？

一群癞蛤蟆在举行竞赛，看谁先到达一座高塔的顶端。周围有一大群围观的蛤蟆在看热闹。竞赛开始了，只听到围观者一片嘘声："太难为它们了！这些蛤蟆无法达到目的，无法达到目的。"大部分蛤蟆开始泄气了，但还有一些蛤蟆奋力摸索着向上爬去。围观者继续喊着："太艰苦了，你们不可能达到塔顶的！"这时，其他蛤蟆都被说服停了下来，只有一只蛤蟆一如既往继续向前，并且更加努力地向前。比赛结束，其他蛤蟆都半途而废，只有那只蛤蟆坚持不懈、竭尽全力达到了终点。其他蛤蟆都很好奇，想知道它为什么就能做到！最后大家惊讶地发现它是一只聋蛤蟆。

如果有人说，你无法实现你的梦想，你是要成功，还是要听别人的话？

不管你相信什么，你都可以做到

不管你相信什么，你都可以做到。
如果你认为自己会被击倒，你就会被击倒。
如果你认为自己没有勇气，你就不会有勇气。
如果你想赢，可是你认为自己不会赢，
那么，你几乎不可能会赢了！
如果你认为自己将会失败，你就已经失败了。
在这个世界上，
成功孕育于一个人的心——
全都在那颗心上。
如果你认为自己与众不同，你就是！
你得尽可能想得美，
你得先确定自己是个什么东西，
你就可以赢得任何奖牌。
人生的战斗并不永远靠向那些比较强壮的人，
或比较快的人。
可是迟早，赢得胜利的人，将是——
那个以为自己能够的人。

案例讨论：

为什么我的大学越上越迷茫

编者按

这是本报编辑部近日收到的一封读者来信，写信的是江西农业大学的一名大三学生。这名同学在信中坦承了他目前的迷茫和焦虑：他曾经是社会活动的积极分子，但忙忙碌碌之后又觉得失去了自我；他不愿意被动地为了就业加入考证大军，但又常常担心将来找不到工作；他想按自己的意愿简单生活，可又不知道该往哪个方向走，找不到奋斗目标。

我们认为，这种焦虑和迷茫并不是这名同学独有的状态，而是有一定的共性。这种焦虑和迷茫有大学生自身的原因，但更多来自外部环境，比如大学教育和就业压力。今天，我们刊登这名同学的来信以及本报记者和他的对话，就是希望这一现象能引起更多大学生和教师的关注，大家一起来思考该如何走出迷茫，不再焦虑。

中国青年报的编辑老师：

你们好！我是一名大三的学生，在寒假到来的时候，我决定给你们写这封信，把我的迷茫和困惑告诉你们，希望中国青年报这张属于青年人的报纸给我一些建议。

2011年11月，当我决定不考研时，我把“这不是我想要的东西”作为对自己的解释。当我知道那个不是我想要的东西时，我又开始迷茫哪个又是我想要的呢？我始终都没有坚定地把握自己的追求。

渐渐地，我对“考证”再也没有了动力。正如同学说的：最近图书馆有百分之八十的人是在准备四六级、教师资格证和期末考试，起码我们班的绝大部分同学是这样的。

就我所学的汉语言文学专业来讲，如果需要，我们可以考以下证书：英语四六级证书、普通话证书、教师资格证、计算机二级证、导游证、秘书证，等等。在众多的证书当中，我只考了一个本科生必须要持有的英语四级证书，我不知道这意味着什么。

看着身边的同学在紧张地准备着四六级考试与教师资格证考试（今年这两证刚好在同一天统考），本来并没有多大压力，但是当你看到10个人里有8个人在考，而自己却每天悠闲地看看书、上上网、写写字，难免就会感到不安。有时我会问自己：我这样是不是不思进取？我以后会因为没有这些证而错失很多机会吗？我以后会为现在的选择而后悔吗？未来是一片茫茫的大海，我不知道哪个航向是正确的。我动摇过，但还没有破坏自己价值观的基石。我只是有点犹疑与担忧，不断地审问自己：我究竟有没有勇气坚持我想要的东西？

我已经厌倦了每天记忆各种复习资料与试题集，机械地参加一场场考试，等拿到证后就彻底地忘却，然后再准备下一门考试。我不想去评估这些证书以后对我到底有多少作用，我只是厌倦了这种"被动的""学与考"的生活方式，我总是在试图寻找一种自由轻松的大学生活，总是在想我能不能为"自己"读点书，这也是对沉寂、苦闷、茫然的大学的反抗。

大三了，我放下了诸如"委员""主席""会长"的头衔与各种学生工作，如室友评价的"做一名普普通通简简单单的学生"，安安静静地过好每一天。时间是自己的，自由地安排每一个时间段，沉浸在自我中很快就发现了属于"自己的东西"，很快乐，很幸福！

在这个学期，我不遗余力地在网上购买自己喜欢的书籍，只有在出现经济危机时才停止。2011年南昌的冬天似乎没有了往年肆虐的寒风与阴冷的冬雨，每天都是暖暖的晴天。我喜欢拿着一本书到寝室的天台上或楼下的草坪上，让和煦的阳光照在脸上，又让冰凉的西风清醒发热的头脑；一般在一个节气到来时，气温就会骤降并伴随着刮风下雨，如果没有课，我也就会懒懒地窝在床上，不吃早饭，打开电脑看一部自己喜爱的电影；每天晚上差不多10点多从图书馆回来，然后开始记录每日的言与事。我们大三有一门让其他专业很羡慕的专业必修课——汉字书法。在老师的激发下，我深深地陶醉于汉字的书法艺术，每晚写完日记后，都会花半小时临摹一页颜真卿的楷书，经过两个多月的练习后进步明显，不禁窃喜。书法已然是继音乐后我的又一情感载体。周末的天气总是那么好，我喜欢在校园里，拿着自己心爱的相机留下一处处可爱的风景。

上大三以后，我逐渐养成了这4个爱好——藏书（看书）、写日记、书法、摄影。半年了，我明白了我喜欢这种悠闲自在的生活，这才是我坚持想要的东西。但是，在“考证”“拿奖学金”“评荣誉”“找工作”等外在目标的侵扰、诱惑、压力下，我不知道我是否有足够的勇气坚持我想要的东西——仅仅是对自由独立的自我的向往！

老师，我有点害怕。我不知道该不该坚持自己想要的东西，也不知道是否有勇气坚持下去，不知道坚持了以后会怎样，不知道不坚持又会怎样，不知道怎样坚持，不知道坚持意味着什么。

我该怎么办？

江西农业大学　杜克海

摘自《中国青年报》（2012年01月07日03版）

读了以上这封信，我们可以看出杜克海还是很努力，也有自己的想法，但他的问题是，他想要的“悠闲自在的生活”和“自由独立的自我”很模糊，不具体，导致了他的迷茫。

你的意见是：

三、不是杰出的人有目标，而是有目标的人杰出

目标越清晰，对未来的成功时刻的想象就越生动，要为之全力以赴的那份热情就越强烈。

——美国加州大学心理学家 迪安·西蒙顿

坚持不懈地向既定目标进发并最终达到目标，这不仅仅是书上所说的理想的理论，在我们身边，有很多鲜活的例子。以下是四川大学锦城学院部分学生的故事，和你们一样，他们都是学校再普通不过的同学。唯一与众不同的是，他们早早确立了自己的目标，然后靠自己的勤奋、智慧和坚持获得了成功。既然他们都能获得成功，那你为什么不可以呢？

热爱能让努力不那么费力

5G行业优秀科研人　胡泮

胡泮，四川大学锦城学院电子信息学院2012届毕业生，就职于爱立信（中国）通信有限公司，带领5G技术试验项目团队拿到5G试验证书，曾作为优秀科研人才接受新闻联播节目采访。回首校园生活，胡泮坦言："我觉得自己在大学开始时制定的大目标最重要，因为这是我不懈努力的动力，指明了前进的方向。"

用目标激励、用意志力约束

初尝大学自由的空气，人人都在心里埋下一颗愿望的种子，人人都想拔得头筹。有别于好高骛远之流，胡泮的"大目标"显得格外接地气。他说："我首先制定了一个大目标——四年时间学好专业知识。"这一句"学好专业知识"，铺就了他四年走过的路。

胡泮说："制定目标之后，就按部就班地执行。大目标分解到每个学期，就是认真地完成专业课的学习，提升动手能力，最后在实习中锻炼自己的能力。"

阔阔坦途不是大学路上的所有景色，迷惑的荆棘丛林暗藏于行路人的脚下，非身坚志明者不得过。在实现标的过程中难免有懈怠，但胡泮从未因此驻足，被问及"有什么方法去克服"时，他说"全靠自制力"。一个人头脑中有了清晰的目标后，还得靠理性去约束自我、去执行目标，如此才能缓缓靠近目标，并最终实现当初所有的美好愿景。

进校时制定的大目标为胡泮指明了前进的方向，加上四年如一日的脚踏实地，最终胡泮找到自己人生的方向。"不驰于空想，不骛于虚声”，大概就是指这样的人。

热爱能让努力不那么费力

人生之路漫漫，人生之行涩涩。执行目标的过程很是枯燥，其间心境犹如踽踽独行于苍茫大地上，一路艰辛。悠远的路会引发我们的倦怠，搅得不平静的心愈发摇晃，我们甚至会怀疑，会放慢脚步。既然路途已经如此艰辛，为何不选择最爱的那一条?

“希望大家制定的目标是自己所热爱的事业，因为只有热爱才能让你努力起来不那么费力，在懈怠之时能够想起前进的方向。”这一观点不仅影响着胡泮对发展方向的选择，也是他对锦城学子的建议。胡泮热爱通信专业，本科毕业后一直从事该行业，至今已是第六个年头。

更新目标、调整步伐

从最开始的2G、3G，到现在的4G、5G，通信技术无疑是在飞速发展。这就需要工程师不断更新自己的知识体系，不断地投入到新通信技术的研发中。因此胡泮说：“进入工作之后，常常会制定新的目标。从2G到5G，需要的知识体系是不一样的，那么就要使自己跟上技术发展的步伐。”这也符合锦城学院的教育理念——终身学习。即使走出校园，锦城学子们也要保持学习能力，不断提升自我，使自己跟上行业发展的步伐。

不论是对过往目标的理性剖析，或是对行路途中情感的疏浚，都只愿助益锦城学子昂然前行——人生之态恳恳，人生之得硕硕。

2017级汉语国际教育专业　杨清雨

有目标而无目的

四川省建筑设计研究院建筑景观院创作总监　白熙

白熙是锦城学院2005级土木工程系城市规划专业的学生，作为锦城学院第一届学生，他除了是土木系的理工科学霸，还是院、校学生会的风云主席，不仅每年荣获一等奖学金，还获得院长特别奖学金、国家奖学金等奖项。他的身上有着许多让人艳羡的第一，而这些都与他给自己定下的小目标有着无形的联系。

锦城的第一个目标——魔术社

他进入锦城后的第一个目标就是成立魔术社，让锦城学子可以学到一种小众的社交技巧，丰富课余生活。2005年在魔术还没有被刘谦完全带火的时候，想要劝服学校领导同意开办魔术社还是颇具难度的，但功夫不负有心人，白熙最终征得学校领导同意，成立了西南地区高校首个魔术社团，并担任第一任社长。就是这样一个看起来与土木专业“八竿子打不着”的目标，却给日后的白熙学长提供了莫大的帮助。他正是通过管理魔术社收获了很多为人处事、团队建设的经验，学会了以师者的角度告诉新手如何入门，如何规避不必要的弯路……这些经验对自己在职场上带领新人都很有帮助。后来白熙凭借出色的团队管理能力及新人培训课程的编排能力，荣获2018年四川省建筑设计研究院最佳导师的称号。

定目标要保持良好心态、不能操之过急

从锦城学子到诺丁汉硕士，再到创作总监，成为西南交通大学等高校实习生的导师，一路走来，白熙并没有为自己设立遥不可及的目标，作为一个建筑设计师，除了感受到设计成型时的自豪，还有绘

图设计时的煎熬。他直言设计师经常处于崩溃的边缘，心理压力大，严重者甚至会患上抑郁症，但他尝试着不断地调整心态，通过旅行回归内心，放空自己，寻找灵感，最终使作品得以完美呈现。他希望我们在学校或者工作后，在设定目标时都要以良好的心态对待，不能操之过急，尝试着与自己和解。言语之间可以感受到其内心的笃定与平静。他肯定目标给他带来的帮助，但不鼓励我们目的性太强，不能只是功利地完成目标。

通过每一个小目标找到属于自己的路

已是著名建筑设计师的白熙，仍谦虚地说：“自己的目标就是做一个‘小有名气’的设计师，为市民设计出更多可进入、可参与的生态建筑。”他表示，这样一个目标的实现，需要每一个小目标的辅助。即使不清楚自己下一步可能通往何方，但需要在大方向上明白自己想要什么。在市面上，我们可以看到很多所谓的“成功学说、目标学说”的书籍，但白熙认为，每个人都有自己的独特之处，与其仿照别人的目标限定自己，不如另辟蹊径，找到一条属于自己的道路。

目标只是一个开始，最重要的是坚持不懈的积累和端正心态、合理规划、放宽格局，一时的目标不代表一世的目标，不必过于计较，只需做到得之坦然、失之淡然、争其必然、顺其自然即可。

2017级汉语国际教育专业　叶永利

只要敢想　就能成功

北京大学外交专业研究生　李思雪

锦城学院艺术系广播电视编导专业2007级李思雪，在2011年全国招收攻读硕士学位研究生统一考试中，以优异成绩考取北京大学外交专业。

2007年秋天，李思雪怀着欣喜和期盼走进了锦城学院校园。大学初始，李思雪认为自己追寻梦想的脚步不会止于大学，她想成为一位外交家。在锦城的第二年，她就坚定了自己要考研的信念，在对众多高校的研究生招生简章进行认真研究之后，她暗下定决心：北京大学是自己下一个殿堂。

北京大学外交专业对外语要求相当高，李思雪决定考北京大学外交专业研究生之后，在为目标和梦想奋斗的日子里，她一直坚持每天早上六点半起床学习英语，星期一、三、五进行听力练习，星期二、四、六在英语杂志上选取一篇文章进行口语练习，坚持每天读一篇英语文章，坚持每周末做一整套英语试题。

另外，李思雪还积极阅读自己所选导师的著作，对指定的考研书目反复研读、反复背诵和记忆，并做了大量历年的真题。除此之外，她还大量收集和分析该领域的论文、刊物、讲课视频和采访视频。这些工作，使她对专业问题的分析和理解能力有了极大的提高。

“坚持目标，把优秀当作习惯，成功就会水到渠成。”李思雪正是凭借这些，才得以以笔试、复试第一的成绩考取北京大学外交专业研究生，得以在更高层次的平台上进一步深造，为实现自己的人生梦想打下坚实的基础。

成功，就是完成自己的计划

西南政法大学研究生　张浩

“彼以坚苦忍耐之力，冒其逆而突过之，而后得以从容度其顺。”2014级土木工程专业的张浩非常赞同梁启超先生《论毅力》中的这句话，并以此激励自己一路求学成长，最终，他成功考取西南政法大学的法律系研究生，离他的律师梦想又近了一步。

“有志者，事竟成。”所谓“志”，是指一个人为自己确立的“远大志向”和人生目标。无目标而生活，犹如没有罗盘而航行。一个人只有确定了人生的目标，才会激发无限潜能，实现更多可能！

早立目标、有目的的学习

从土木工程专业跨越到法学专业，从一个典型的理科生转换为文科生，张浩初入锦城便给自己大学四年规划好了目标。张浩首先做的，就是制订计划。他用四张A4纸，写下了每年的大目标，然后再到每月、每周、每日。何时预习何时复习何时拓展，这些在张浩心里清晰得如同明月，工作周严格执行计划，周末再复习专业知识。“有目的的学习”，这是张浩一直强调的。

时间是挤出来的

对于张浩来说，大学生活是忙碌而充实的，他规定自己的专业成绩必须在85分以上，因此课堂上他永远坐在前两排。正因为有了这样的目标和坚持，他连续两年专业成绩全年级第一名，连续三年获得校一等奖学金，并在大三期间获得国家奖学金。他还同时担任了校学生会体育部的部长和班级学习委员，并拿到了包括二级建造师证在内的多个等级证书。学习、考证、实践，他一样也没有落下，在谈到如何规划安排自己的时间才合理时，张浩真诚地分享了自己的心得，“时间是挤出来的，我一直奉行一个理念——学习的时候尽情地学，玩耍的时候尽情地玩。”

比同龄人多一点点努力

对张浩来说，最艰难的事是从工程专业到法学专业的跨越。张浩在学好工程专业的同时，还利用课余时间辅修法学专业。为了更加系统地学习法律知识，张浩参加了四川大学的自主招生考试，从法律专科考到本科，用一年半的时间通过了12门课程，最后申请了四川大学法学本科文凭。他还利用节假日的时间到四川法银律师事务所实习，协助律师办理非诉讼法律事务，包括到法院立案、写诉讼材料等。这些实战经历使他积累了经验，得到了提升，最后他成功考取了心仪已久的西南政法大学的研究生。“大家都认为一个工科生学法律非常不容易，但我觉得这完全取决于你的决心，”张浩说道，“我并不是聪明的人，我只是比同龄人多一点点努力。”正是因为这“多一点点努力”，成就了现在的张浩。

“每个人，都有自己的了不起，你的成功，不需要任何人来证明。”当谈到怎么定义成功时，张浩这样告诉我们：“在我眼里，成功并不是要走向人生巅峰，只要每年每学期甚至每天都达成了自己的目标，即使是非常小的目标，那也算是我的成功！我的成功，是永远与自己比。”

17汉语言文学专业　赵箬贤

英语王，航天梦

2011年全校四级考试总成绩成绩第一名 何小玮

何小玮，机械工程系2010级机械设计制造及其自动化专业学生，2010—2011年度国家奖学金获得者，目前在美国芝加哥市伊利诺伊理工大学攻读博士学位中，修读机械与航空航天专业。他的人生格言是：我们的决心会指引我们到达目的地。（Our determination shall guide us to our destination.）。

当年还在锦城就读的时候，谈到四年的奋斗目标，何小玮那坚毅的眼神，让同学们深感震撼。他说，他的目标很明确，就是在大学四年里努力提高英语水平和专业水平，为自己以后能进入国外高校深造奠定良好的基础。有了这样明确的目标，大学四年里，何小玮都坚定地向他的航天梦努力前行。

何小玮优秀的英语成绩得益于中学以来的积累和坚持，为了实现自己的目标，他坚持多看英语原版书籍，多听多看多记就是他的办法与秘诀，并且每天都要抓时间背单词，听网上英语教程。利用别人打游戏的时间学英语，利用别人逛街的时间记单词——这就是目标的力量。他的英语水平比较好，在一年内就通过了公共英语四、六级考试，并且托福成绩超过了一百分。对于同学们的惊讶，何小玮说这是他的一种习惯。他说：“当有了人生的目标和方向之后，一切努力都会变成一种自然的习惯。”——这也是目标的力量。他介绍说这些习惯是他在高中时形成的，这些都是他为了达到提升英语目标所做出的努力。其实，“航空梦”似乎并不是何小玮最初的梦想，他的目标也有过一些变化，没有变化的是坚持。最后确定下来向航空工程方向靠拢是自己权衡过的结果。他不断地为了自己的目标努力着，并尽量有效地使用手中的资源。在确定了“航天梦”之后，何小玮同学凭着对航空工程的追求和热爱，独立撰写了关于飞行器后体气动布局的论文，并在四川省“挑战杯”上获奖，填补了学院在“挑战杯”自然科学类论文奖项上的空白。他还将项目与国外的朋友进行了交流，以期共同研究。他大学时期的计划就是在完成本专业之外，还要尽量多地学习航空工程相关的课程。他说，目标也许会随现实而变化，但要抱有决心，决心会引导自己。

为了实现这些理想，何小玮不断努力，而且他的努力不是盲目的，而是有条理的、清晰的。有理想的人不一定是成功的人，但是成功的人都必定是有理想的人并能够为之不断努力着！

何小玮用自己的经历告诉大家，人活着就要有目标，有了目标就要坚持；有了坚持，你就离成功不远了！也许有一天，你会不经意地发现：成功是由一个个平凡目标指引的。

想到、做到、做好并坚持下去

就会取得成功

专注目标、拼尽全力

西南交通大学研究生　肖涛骊

肖涛骊，锦城机械学院2018届毕业生，机械学院学生会主席，曾被评为四川省优秀大学毕业生，现就读于西南交通大学工业设计专业。

“没事找事”、找到目标

每个人对大学都有自己的定义和憧憬，但关于迷茫的大学经历，几乎每一个刚踏进大学校园的学生都会遇到，肖涛骊也不例外。他坦言自己进校时也曾“迷茫”过，但他在茫然无措时尝试了学生会、助理、比赛等，以期寻找方向。既然我们不能避免内心的迷茫，那不如坦然接受，多经历，才能多经验。

唯有内心清楚的人才能拨开迷雾看清方向，肖涛骊通过全国互联网+比赛和全国三维数字化设计大赛找到了自己的兴趣所在，也确定了自己的考研方向——工业设计。回想起懵懂的大一，他没有雄心壮志，更多的是想脚踏实地慢慢来。定下考研目标只是因为“觉得大学四年不能这样白白度过”，想“没事找事”让自己忙起来，以免困死在寝室。就是这样一个看似“随便”的决定，让他从锦城学院转到了西南交通大学，从机械学院转到了艺术与传播学院，从机械设计制造及其自动化专业转到了工业设计专业。

为目标拼尽全力，就无所谓难与不难

那年，肖涛骊为了考研一个人在外面学画图，因为学习压力与强度过大，导致在考试前两周发烧。回想起当时的细节，肖涛骊说：“学到麻木，发烧到39℃，依然感觉精神倍儿棒，觉得没有问题就拖着，但一量体温吓了一跳，以为体温计坏了。”他描述得如此轻松，似乎从未经历过。或许，当自己为了心中的目标拼尽全力时，就无所谓难与不难

了，一切都是心甘情愿，哪怕最后不一定能成功。“我感冒发烧那周输液的时候都在看书，生怕落下。暑假里深夜走在回寝室的路上，看着自己的影子，觉得好久没这么拼了，能不能考上都无所谓了。”

考研的苦，是不能细说的枯燥与坚持：跨专业考研，从工科转为了偏文科，难度系数很大；有一门专业课要画画，但他没有基础，需要提前一年左右在外面上课；平时很多事，只有周末才能腾出时间学习专业课知识……如果目标不够明确，内心很容易产生怀疑，所幸他选择了专注，从大一到大四，他只对“考研”耿耿于怀，提前一年半左右就开始学习专业课，每天练习专业课，利用碎片化的时间学习，按重要紧急程度安排事情的先后……有目标让做事效率更高，脚踏实地让目标更加清晰。

2017级文学与传媒学院汉语国际教育专业　叶永利

坚持，为梦想

宝剑锋从磨砺出　梅花香自苦寒来

锦城学院第一位两年内通过ACCA十四门课程考试的李彬

李彬是锦城学院财务会计系2008级ACCA专业的学生，现在在全球知名的会计师事务所——德勤华永会计师事务所（特殊普通合伙）从事她喜欢的工作。在锦城就读的时候，她是2010—2011年度院长特别奖学金获得者、国家奖学金获得者、优秀学生标兵。她在大一时就定下了争取在最短的时间内通过ACCA全部课程考试的目标。

那时，李彬每天早上6点30分就起床，晚上12点才睡觉。中午从不休息，困了就在桌子上小睡一会儿，寒冷的冬天也不例外。她坚持每天有8小时及以上的时间在图书馆学习钻研，图书馆已悄然成为她的第二“寝室”。每次去图书馆，她都带着面包，这样便可以不用把时间浪费在吃饭上面。晚上，为了不打扰室友们休息，熄灯以后，她就坐在厕所门口看书。每次放寒暑假，她都会去事务所实习，去学习最新知识，去接触社会给自己充电，把书本的专业知识运用到实践中去，并在实践中深化书本知识，循序渐进，活学活用。她在事务所积极做事，踏实肯干，遇到不懂的问题会打电话问老师或者询问工作单位的同事和领导。

通过不懈的努力，李彬的学习成绩一直名列专业前茅，大学四年的总成绩更是荣登整个专业的榜首。在2年内，李彬就通过了ACCA全部考试，这对她自己来说是一个奇迹，对于锦城学院来说也是一个奇迹。据统计，全中国能在2年内通过此类考试的学生不超过200人。

当问她要取得成功最重要的是什么时，她说：“做一件事就得坚持做到底，没有什么其他的捷径。”当然在此期间她也有困惑：看到别人悠闲地度过每一天，她也想过“为什么我不可以？”在学习上遇到不懂的问题时，也有过松懈的念头。但最终她都克服了，都挺过来了。她为了自己的目标放弃了太多。但也正是这些坚决的放弃而让她收获了一个好的成绩。很多时候我们都在不停地选择，而她则果断地选择了这样一种充实而有意义的生活方式。

李彬是锦城学子自主学习、勤奋学习的典范，是锦城学院的骄傲。她是把图书馆当寝室的学生，她在为自己创造奇迹的同时，也在为锦城学院创造奇迹。成功绝非偶然，机遇总是留给有准备的人。宝剑锋从磨砺出，梅花香自苦寒来。生活告诉我们，付出总会有收获。小树必须经历无数风雨的洗礼才能成长为可用之材，毛虫必须打破茧子的沉闷才能展开翅膀蜕变为美丽的蝴蝶。生命的长度是有限的，在有限的时光里，就让我们以梦想作为起航的翅膀，以奋斗来扬起前行的风帆，不断拓展生命的宽度，咏诵一首青春无悔的赞歌。

成功绝非偶然，机遇总是留给有准备的人

成功从不问起点，只有一直为之努力的终点

专本硕博连读的奋斗者　马政

马政，2013级营销与策划专业学生，工商管理学院团总支学生副书记，2014—2015年度校长特别奖学金、国家奖学金获得者，优秀学生标兵，学校“十佳共青团员”。本科通过我校专衔本毕业于四川大学人力资源管理专业，硕士研究生毕业于澳门科技大学公共行政管理专业，目前即将前往首尔科学综合研究生院攻读博士学位。

每一天都像高三一样学习

马政从进入大学的第一天便知道专科学历不是终点，为了提升学历，他给自己制定了非常明确的目标以及详细的计划：每门课程通过、专衔本学历提升、背单词、练口语、雅思考试、了解学校、提高绩点，等等，充实地过好在锦城的每一天。

为了实现自己的目标，他每一天都像高三一样学习，最终实现从专科到硕士三级跳。他是锦城学院第一个仅用一年时间通过本科自考的全部课程、第一个通过学位英语考试、第一批获得国际名校硕士OFFER、第一位获得校长特别奖学金的专科学生。

遥远的目标在每一天的日常中实现

一切的努力都让锦城时间充实而令人记忆犹新：第一次接触ERP，模拟公司破产后莫名的兴奋；第一次在A教走上讲台竞选团总支小干事的紧张；参加营销策划大赛时，和团队成员跑遍了成都大大小小的茶叶店；参加全能挑战赛，背着两箱饭扫光一路被城管从春熙路沿地铁二号线赶回了百草路；突破微积分、线性代数、统计学等在数学学习上的困难，最后通过考试；在图书馆“生无可恋”的备考之夜和通过后的欣喜。

遥远的目标是在每一天的日常中一点点完成的。当初的艰难负重、“生无可恋”，现在回忆起来都是轻描淡写、云淡风轻。只要坚持不懈，不停地往前走，就能一步一步接近自己的目标。

不断前行、永不止步

马政进入澳门科技大学学习后，不断提升专业知识，以第一作者身份发表了多篇学术论文，于2019年顺利毕业。他还将锦城的创业课程所学与研究生学习充分结合，在“挑战杯”大学生创业计划竞赛、“互联网+”大学生创新创业大赛中斩获佳绩，被授予澳门科技大学“学术文化杰出奖”。在攻读硕士学位的同时，他便开始申请攻读博士学位的学校，现已被首尔科学综合研究生院管理学录取为博士研究生。

周晛玥

只要坚持就有希望，只要追求就会拥有（演讲稿节选）

国家奖学金获得者 李宣

我是一名平凡且普通的锦城青年，和全体锦城学子一样，我们都怀有一个远大的梦想。无奈，从初中起英语就一直是我的弱项，2009年高考时，英语仅得了89分。就这样，我以刚过二本线的分数来到锦城，来到了金融学专业。可是，英语的痛并没有因为高考而结束，一进校就面临着大学英语四、六级考试。我依旧记得第一次四级考试的时候，拿到试卷，我呆呆地望着它，沉思了很久，我不是在思考，而是因为看不懂，每一个单词都像利刃一般刺伤了我，戴上耳机，每一句话就是一串无助的火星文，最后第一次四级考试只得了367分。

看着寝室同学一个接一个过了四级，甚至还有同学因基础好而轻松裸考过级，我百般焦急，辅导员孙娇艳老师也找我谈话，我总是抬不起头。为什么其他方面我可以做到，英语就不行呢？我不断地自责，但我的第二次英语四级考试成绩也仅比第一次高了11分，拿到这样的分数怎么才能实现我的梦想？止于至善是什么？为什么我做不到呢？

不，这不是李宣，这不是真正的我，我是一个有追求的人，我要进入国际投资银行，我要进入摩根士丹利，我考研时要读全球最好的商学院，我必须要考托福，必须要学好英语。我开始渐渐醒悟，我不比任何人差，我要做到最好。可英语就是我的拦路虎，连高考都不及格，如何过四级，如何挑战托福？就在这时，敬爱的邹广严院长大力倡导“十大学习法”，我开始尝试循序渐进的学习，忘了以前的浮躁，忘了以前的不良学习习惯，我开始猛背单词，每天300个，开始的时候，我的兴趣很浓厚，但没有注意复习，以至于在第二天就忘了

150 个，我将单词裁剪成小纸条带在身上，坐公交、课间、放学、睡觉、吃饭时都反复记忆和背诵。

可光记单词是不行的，听力一直是我的软肋，我想，既然资质不好，那我就多学一点，少睡一点。我开始向英语成绩好的同学咨询，是不是我的方法不行，为什么付出了收获却很少？她们告诉我，你能听出book是什么吗？如果你能把每个单词都听得像book一样熟悉，那你的听力就OK了。我恍然大悟，于是每天 6 点 30 分，室友还在休息时，我已悄然起床，戴上耳机，边洗漱边听英语。开始效果还是不行，很多听不懂，我不断告诉自己，我没有退路了，唯有坚持，才能看到胜利的曙光。

我开始用老托福的听力来练，要知道一个连高考听力都听不懂的人，如何去听懂快速高深的老托福听力。每天洗漱完毕就是一天的练听写的时间，一篇 1 分钟左右的英语听力，第一次听写我花了 4 小时 20 分钟，写完后校对发现只有 16 个单词是对的，我开始将听写后的文本拿来精读，力求发准每个音。就这样，在“止于至善”校训的激励和辅导员孙娇艳老师的鼓励下，第二次用了 4 小时 11 分钟，第三次用了 4 小时，第四次仍然是4小时，甚至有时候一句话我会听上 100 遍都写不出来，每天光是总结的单词就是满满三大页，甚至前期经常听着听着就睡着了，醒来时又深深地责备自己，这个时候，各种苦涩自卑和想放弃的欲望又不停地侵蚀着我，就在这时，猛然想起仁爱大楼邹爷爷坚定有力的格言“想到、做到、做好并坚持下去就会取得成功！”就这样，我执着并坚持每天练习听说读写。

曾有几次，我发现我的耳朵已经灌满了脓包，轻轻一碰就疼得厉害，我把棉花搓成小球，轻轻地按在伤口处，然后强行戴上耳机，继续听写，我坚信，总有一天我能够像听中文一样把它听得明明白白。

金融专业的课程很多，压得我有点喘不过气。我开始利用一切可利用的时间，同学都已睡下了，我还因未完成固定的三篇听写任务而借着厕所微弱的路灯，跪在地面上，用凳子当桌子，继续听写。每当看到别人休息时，我心里总是酸酸的，我不停地问自己这样值得吗，我也想睡，我也渴望睡懒觉，我也渴望能多点时间听点流行音乐，可是我不能啊，我的梦想、我的前程就在我自己的手里。渐渐地，听到第51篇时，我发现已能听出文本结构。就这样，第三次考试时，很多内容我已听得很清楚，我开始有些激动，那次我考了420分。虽然失利，但我觉得胜利就在眼前。听到第78篇，我开始专注精听，眼睛跟着录音扫视着文本，划出每一个没有听出来的单词，然后反复将它听上50遍，让大脑彻底记住它的发音。

到第121篇的时候，就是2011年11月份的时候，我参加了我人生中最后一次英语四级考试，我已没有了之前的担心和害怕，全身心投入考试，这次听得很清楚，听得很明白。走出考场，望了望锦城蔚蓝的天空，给了自己一个大大的微笑。2012年3月1号成绩下来了，498分，听力189分，我哭了。查到考试成绩的那一瞬间，我的眼泪止不住决堤了，那是一种感动，那是一种喜悦，我是男生，我不能哭，可是我实在忍不住了，这张四级证书承载了我太多太多的辛酸和苦楚，是我用无数个日日夜夜的休息时间，无数个周末待在图书馆、待在寝室的时间，是我用无数个与面包和白开水相伴的日子换回来的。

在赢取了四级考试胜利的同时，我还如饥似渴地专注金融专业学习，并成功在国家级专业财经期刊《财经界》上发表了《通货膨胀下家庭居民的投资困境与理性选择》专业学术论文，第二篇文章《PE股权投资基金的研究》也即将封稿。在课余，我还积极践行“学院三自三助三权”行动，先后担任了金融系助教团、助管团团长，职业规划协会副会长，法律侦探社副社长等职务，先后获得过一等、二等奖学金及国家励志奖学金，多次荣获国际金融、保险学、金融英语等单科成就奖等殊荣。如今我正在积极准备参加托福考试，第一次托福考试，听力考了18分，满分是30分，对于我这种资质很差的人来说，我深信勤能补拙。在场的同学们，你们的资质和基础都比我好，你们都比我优秀，我都可以做到的，你们肯定更可以的，对吗？

虽然有些知足，但不能自满，更不能轻言放弃，我知道总有那么一天，我会欣慰地拿着托福100分的成绩单，拿到世界名校的录取通知书，站在大洋彼岸自豪的凝望着我的祖国、我的母校。因为我是锦城青年，我深深爱着我的母校；因为我是锦城青年，我感谢我的母校；是锦城“止于至善”的校训让我在青春的人生道路中没有迷失方向，是锦城“止于至善”的校训让我学会全身心地投入，找回了奋斗的自己，让我为那无悔的青春献出了最坚持的奋斗和努力。是锦城“止于至善”的校训，让我更加懂得没有绝对的失败者，只要坚持就有希望，只要付出就有收获，只要追求就会拥有！！

（该同学现就职于重庆商业银行股份有限公司总行，担任计划财务部监督检查室副经理，主持工作）

只要坚持就有希望

扬长避短、聚焦专注

金融行业精英、双创导师　罗志科

罗志科，四川大学锦城学院金融学院2011届学生，现在他不仅在金融行业小有成就，还是四川大学、西南财经大学等多家高校、机构、组织的双创导师。罗志科坦言，自己在大学四年的专业成绩并不是很突出，他能取得今天的成就得益于“长板原理”（新木桶原理），扬长避短，极致发挥自己的长处。

聪明的找寻目标、一切围绕目标

罗志科在大一初期很迷茫，不知道自己要做什么，于是用了很长一段时间思考自己想做什么。当时，他发现自己很喜欢看关于炒股的电影，于是查看了国内五六家证券公司的招聘信息，发现几家公司都有一个相同的点，那就是其从业人员必须取得相关的证券从业资格证和基金从业资格证。有了这个发现之后，罗志科就决定考证券从业资格证和基金从业资格证。为了考取这两个证书，罗志科用了整整三年的大学时间。在这三年里，他经常去图书馆看书，一看就会看很久。学习累了，他会看与金融专业有关的电影来激励自己。除了长时间去图书馆看书，学习与金融专业相关的理论知识以外，他还把理论知识运用到实际生活中，他会把生活费节约起来，用来理财投资。

努力即无憾、心态放平和

罗志科觉得做事情的态度和面对一些事情的结果的心态很重要。他曾经执着地考了四次承销证，但最终都没通过，这也是他大学生活最遗憾的一点。谈及此事，罗志科说，“对于一些事情，虽然我们努力了也没有能做到，但至少我去努力了，尝试了就不会后悔。”

罗志科认为大学生在学习生涯中最重要的事情是：明确目标，结合实际情况，挖掘自己的长板并不断地发展，做到扬长避短。

2016级汉语国际教育专业　田彬

能改变你的，是你自己

普华永道高级审计人员 蔡燕

蔡燕，财会学院2015级会计与审计专业学生。初到锦城的她，不自信、又不起眼，连上讲台作自我介绍的勇气与胆量都没有。但是，毕业之后，她成了锦城第一批与世界顶尖的会计师事务所普华永道签约的三年制学生。她用三年的努力，实现了自己的蜕变。

想要改变，就要立刻出发

大学期间，为了锤炼自己，蔡燕加入了锦城国旗护卫队，并坚持了三年。在这个被称为另一所“半军事化大学”的地方，即使烈日炎炎、数九寒天，她也不忘初心坚持训练。汗水浸润的衣衫、鲜血淋漓的关节、不被常人理解的刻苦与坚忍，国旗护卫队的“责任、荣誉、感情与传承”见证了她的成长！她将“在位一分钟，站好六十秒”的精神运用到学习工作中，不仅成绩拔尖，而且还成了班长，彻底从一个不自信的人，蜕变成了一个能服务师生、令人信赖的人。

如果想要变得更好，光心里想是没有用的，应该给自己一个方向并即刻出发。

为自己树立坚持的信心

大二暑假，为了提升自己的专业水平，蔡燕通过面试成功进入华夏银行金牛支行实习。本以为是坐在空调室里的工作，结果第一天就被拉出去跑市场做营销。一天下来，不仅没有一单业绩，人也被炙热的太阳晒得无力说话。刚去的一个星期几乎每天想的都是放弃，心想着这么累的活怎么坚持得了。但是自己又心有不甘，别人能做到的我为什么不能做好。于是她努力学习营销知识，锻炼自己与客户沟通的能力，最终也获得了好业绩，得到了领导的赞赏。以后每当想放弃的时候，回忆起这段经历，再苦再累的事，她都相信自己能够坚持下来！

成功是对努力的回报

进入大学，蔡燕一直坚持在学业和专业实践上不断努力，一点点成长起来。大三的时候，普华永道到学校来招聘，投简历面试的人很多，当时她心想：我一个普通专科生凭什么去和本科生竞争呢？她虽然这么想，但还是硬着头皮去试了试，没想到通过了初试。去公司复试的那天，她看到面试者有几百号人，既有本科生也有研究生，当时心想自己多半没有机会了，没想到一个星期后居然收到了面试通过的电话！后来她又凭借踏实肯干、忠于职责以及对专业工作的热忱，顺利通过了三个月的实习期，并通过了转正面试。她，成功了！

还记得高考过后，她上了本科线却被专科录取，刚上大学的那天就被贴上“专科生”的标签，心里曾是多么的沮丧。她也曾想拼尽全力，凭着拔尖的专业成绩去专升本，但后来她放弃了专升本的机会自信地选择了就业。因为她已经有勇气去突破局限，亲手为自己撕掉标签！这是她在锦城三年最珍贵的获得！

一分耕耘一分收获

国家奖学金获得者　余万

“天道酬勤，一分耕耘一分收获。”这是2016级云计算技术与应用专业余万同学的座右铭，这句话一直激励着他，伴他成长，是他从专业倒数第四变成专业第一的动力。

有了目标，世界因此而不同

刚刚进入大学的余万，是一名毫不起眼的专科生。大一的他生活散漫，毫无动力可言。但是到了大二，余万突然醒悟了，他想要脱颖而出！于是他为自己定下了目标：学习与考证。余万利用空课和周末时间在图书馆学习，他喜欢总结每天所学然后反复练习，遇到专业问题，他会与老师、同学讨论，甚至会上国外技术论坛看技术文档，反复钻研，直到解决为止。他日复一日地坚持，最终从大一时的专业倒数第四变成了大二时的专业第一，同时还成功考取了系统集成项目管理工程师证书，这是对他努力付出的鼓励，也鞭策着他向一名优秀网络工程师迈进。

阶段性的成功将带来更多的成功

余万认为仅仅这些还不够，他想得到更多，于是他开始进行论文写作和科研创新。他通过头脑风暴和疯狂地查阅资料来进行论文写作。通过学习，他发现写论文最重要的两点是实验数据和创新思维。余万自信地说道："写得多了阅读得多了，知道得也越多了，写论文也没有那么困难了。"在这期间，余万个人发表省级期刊论文5篇，指导协助计科全系同学发表论文80余篇。一次机缘，他的EI论文获邀参加CCNE2018国际学术报告，因此而来到了北京中国科技会堂。在这里，他遇见并收获了许多优秀的朋友，"天外有天，人外有人"便是他那时最真实的心境写照。余万说他会继续保持谦卑，保持不断学习的初心。

大学毕业的时候，余万在一所公司担任实习网络工程师，面试中他遇到很多来自各大名校的实力强劲的对手，但他凭借自己过硬的实力成为唯一进入公司的人。余万的脚步不会停止于此，他想在以后的职业生涯中把握好每一次机会，为以后的每一个目标付出更多的努力！他说："王侯将相宁有种乎！想做就去追！一分耕耘一分收获，天道酬勤！"

2017级文学与传媒学院汉语言文学专业　汪雅珂

人们往往看到光鲜的结果，而不会去想象背后的黑暗中的准备。

人们爱杜拉拉、爱许单单、爱钱多多，其实爱的就是那个结果，而不是奋斗的历程。

人们总是不相信，量变的积累会发生质变；

人们总是相信，一夜成名一夜暴富的传奇。

读了以上这些故事，你有什么感想，准备怎么做？

第二篇 自我探索与长板原理

知人者智，自知者明。

一、我是谁?

早在几千年前，“认识你自己”，就被古希腊人刻在了德尔斐的阿波罗神庙上，作为神谕，受到顶礼膜拜。“我是谁？”这是一个难解的人生课题。认识自己，何其难，又何其重要。

“我是一个怎样的人？”

“我喜欢什么？”

“我擅长做什么？”

“我想要成为什么样的人？”

这些问题可能很常见，但这些问题的答案是什么，可能很少有人会去认真思考和探索。

（一）为什么要探索自我?

人的一生就是一个探索自我的过程，认识自己是人生之旅的出发点，是实现自我价值的基础。我们都知道探索自我很重要，但是，为什么要探索我呢?

为什么要清楚我？！

为什么要界定我？！

人是有社会性的，为了适应社会和在社会中生存，我们需要完成社会化过程。在社会化的过程中，我们常常忽略了自己，常常不和自己在一起。我们始终都被自我之外的东西推着走，我们忙着学习、忙着考试、忙着去做他人心目中的孩子。我们一直都和别人在一起，但是我们却很少和自己在一起。因此，探索自我的主要目的在于以下两点：

1. 清楚自我、回到自我、记住自我！

不想被人推着走，就要回到自己、回到当下、回到源头、回到开始！

我们需要找到自我，然后回归自我！

我们才是我们自己的“主体”！

“自我”的本身是“自由意识”！

社会化过程中，我们学习的所有关于自己的观念、内化的很多社会规则，既是我们安全感的来源，同时也是我们适应社会的必然途径。但是，自我一旦形成，我们再继续附加的学历、身份、名利等就只能是束缚！这不再是真正的自己！我们需要寻找自我的本来面目！

2. 超越自我、颠覆自我、打破自我！

找寻自我的本来面目之后，接下来我们就需要打开自我！很多时候，自我的最大阻碍就是“卡在自我中”！为什么我们没有呈现自我的本来状态？没有呈现天赋和天才状态？就是因为我们将自己禁锢在了“被外界塑造的那个虚假的自我中”！所以我们首先需要将“被外界塑造的那个虚假的自我”归零！没有自我限定，没有他人看法，也没有自我阻碍！我不再是社会的适应者，不是社会的生存者，我是社会的观察者，我是世界的创造者！

请思考：如何看待“回到自我”和“打破自我”？

（二）自我的维度

自我是心理学的重要内容，它是一个复杂的概念。心理学中关于自我的定义并不统一，通常，我们将自我理解为个体对自己的认知，是一个人对自己存在的一种察觉。

1. 本我（id）、自我（ego）和超我（superego）

在心理动力论中，本我、自我与超我是由精神分析学家弗洛伊德所提出的。

“本我”（id）（完全潜意识）代表欲望，受意识遏抑；“自我”（ego）（大部分有意识）负责处理现实世界的事情；“超我”（部分有意识）是良知或内在的道德判断（superego）。

“自我与本我的关系，就好比是骑手与马的关系。”弗洛伊德认为，自我必须对付三个专横的主人：外部世界、超我和本我。本我是自我能动的部分，而且是最原始的力量。本我完全是无意识的，这种无意识要求需要立即得到满足，遵循的规则是幸福。与本我相反，自我不得不关心整个有机体的生存，而且还涉及如控制本我的本能需要的问题。自我在本我与外部世界之间充当中介，它的作用在于调节本我的要求与外部世界的阻碍。[1]

本我、自我、超我构成了人的完整的人格，人的一切心理活动都可以从他们之间的联系中得到合理的解释。自我是永久存在的，而超我和本我又几乎是永久对立的，为了协调本我和超我之间的矛盾，自我需要进行调节。

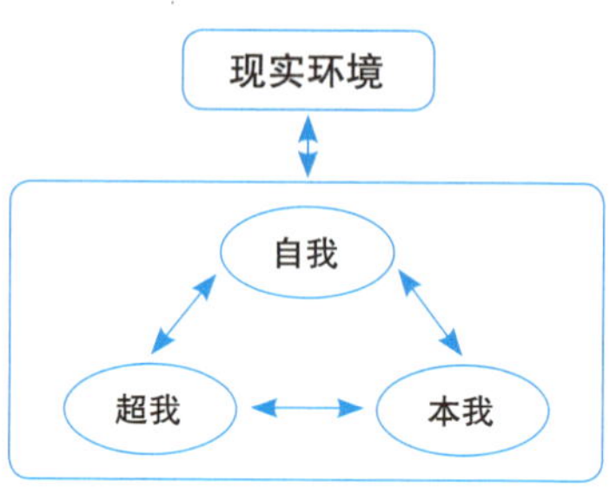

请思考：自我如何协调本我和超我之间的矛盾？

1　马骏，叶娟丽，精神分析与公共行政：从弗洛伊德到戴蒙德[J]. 武汉大学学报（社会科学版），2001：54（1）.

2. 生理自我、社会自我和心理自我

生理自我是个体对自己的生理属性的意识，包括对自己的身体、体能、容貌及温饱感、舒适感、疼痛感等生理方面的意识，是自我的最初形态。这种生理的自我并非是与生俱来的，从婴儿出生以后第8个月开始，到3岁左右基本成熟。

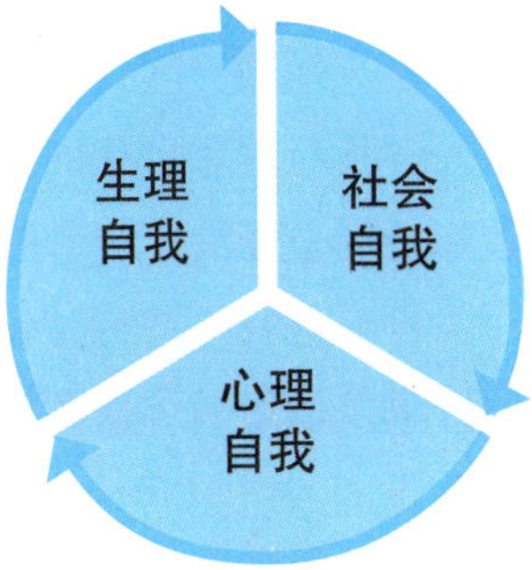

社会自我，是指对自己思维、情感、意志等心理活动的认识，它包括个体对周围客观环境和人的影响、作用的认识和体验，也包括对自身在客观世界中的地位、责任、力量的认识和体验，也就是对社会方面的自我的认识。

生理自我
社会自我
心理自我

心理自我，是对自己肢体活动状态的认识，如智慧、能力、性格、气质、兴趣、爱好、意志等的认识和体验，主要表现在自我体验、成人感、性意识、自我反省和自我意识的矛盾性等方面。[1]

生理自我、心理自我与社自会我是密切联系、相互影响的。

请根据以上内容以及目前你对自己的认知情况，回答下列问题：

1. 你的“生理自我”是怎样的？

2. 你的“社会自我”是怎样的？

3. 你的“心理自我”是怎样的？

1　宁静．构建校内网中大学生网络自我形象的因素分析——以长春市校内网用户为例[D]，东北师范大学硕上学位论文，2009年

3. 现实自我、投射自我与理想自我

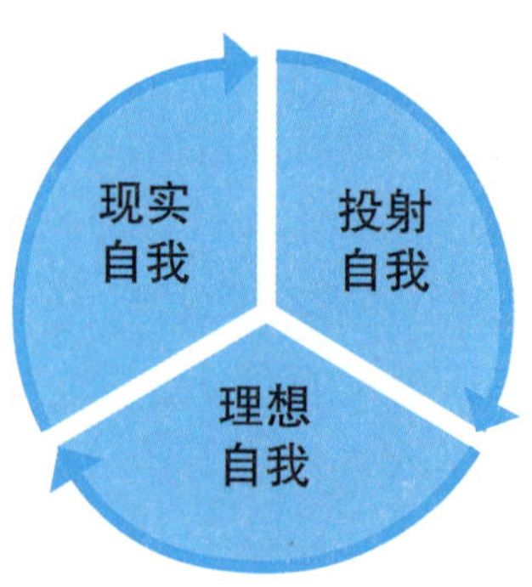

“现实自我”一译“真实自我”，是指个体对自己在与环境相互作用中表现出的综合现实状况和实际行为的意识。“现实自我”与“理想自我”相对。罗杰斯认为，现实自我是指个体实际拥有的自我概念，即现在是什么样的人。其与理想自我的差距是衡量心理是否健康和检测心理治疗效果的指标。[1]

投射自我（或称“镜中自我”）是指“我”意识到“我”在他人面前的形象及他人对该形象的评判，并由此产生骄傲或屈辱感。现实自我与投射自我不一定相同，两者间可能会有距离，当这一距离相当大时，个体会感到得不到理解，从而造成误会、隔阂甚至冲突。

理想自我是个体对希望自己是一个什么样的人的自我看法。[2]理想自我包括人们渴望拥有的那些品质，它们通常是积极的。

请根据以上内容以及目前你对自己的认知情况，回答下列问题：

1. 你的“现实自我”是怎样的？

____

____

2. 你的“投射自我”是怎样的？

____

____

3. 你的“理想自我”又是怎样的？

____

____

1　林崇德. 心理学大辞典[M]：上海：上海教育出版社，2003

2　姚树桥，杨彦春编. 医学心理学（第6版）[M]：北京：人民卫生出版社，2013.

（三）自我探索的内容

自我探索的内容非常丰富，涵盖了兴趣、能力、价值观、性格等多个方面。

1. 兴趣

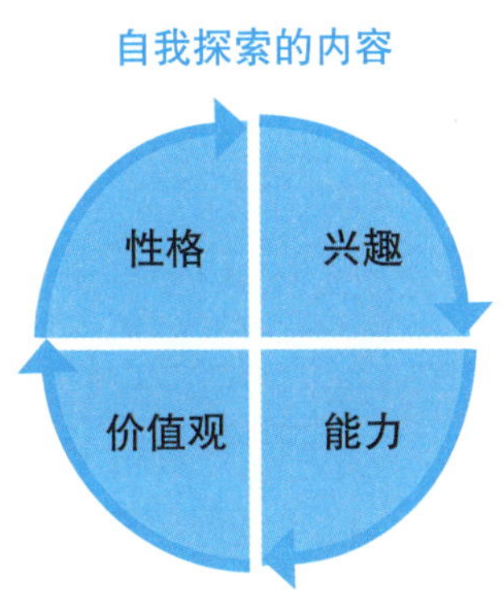

生活中一直流传着“爱一行、干一行”的老话，说的就是兴趣对于职业的重要作用。在心理学中，兴趣是人们力求认识、掌握某种事物并经常参与该种活动的心理倾向。通俗地讲，兴趣是“一个人喜欢什么，不喜欢什么；愿意做什么，不愿意做什么。它是我们内心动力和快乐的来源。”或者说兴趣是“无论我们能力高低，也无论外界评价如何，我们依然乐此不疲的事情。”

2. 能力

能力是人们成功地完成某种活动所必备的个性心理特征，是直接影响活动效率，使活动得以顺利进行的心理特征。学生的口头表达能力和组织能力，总是在言语交流与群体活动中锻炼出来和表现出来的；教师要想很好地完成教学任务，除了要有明确的立场、观点和专业知识之外，还需要有驾驭教材的能力与较好的口头语言表达能力等。

3. 价值观

很难给价值观下一个确切的定义。有人认为价值观是“某些对你来说很重要或你很想要的东西”；也有人认为价值观是“某些你应该去做的事情”。我们认为，价值观就是我们在生活和工作中所看重的原则、标准或品质。它指向我们一生中最重要的东西，因此它也是一套自我激励机制。当我们有矛盾冲突、或妥协与放弃时，常常也是出于价值的考虑。

4. 性格

在英语中，性格（Character）一词源于希腊语，意思是特点、特色、记号、标记。我国心理学界一般把性格定义为：人对现实的态度以及与之相适应的、习惯化的行为方式方面的个性心理特征。

在日常生活中，有的人勤奋，学习、工作很认真努力；有的人懒惰，学习、工作拖延马虎、不负责任；有的人谦虚谨慎，有的人狂妄自大；有的人对人热情，乐于助人，有的人对人冷淡，自私自利，等等。这些不同的心理特征是人的性格差异。

请根据以上内容以及目前你对自己的认知情况，回答下列问题：

1. 你的兴趣是什么？

2. 你有哪些能力？表现如何？

3. 你的价值观是怎样的？

4. 你的性格是怎样的呢？

（四）自我的本质

1. 人与人之间的区别是什么？

通常我们所说的自我认识，就是指个人区别于其他人的特质。这些特质包含的内容很多也很广，直接决定了自我的全貌。

为什么我是这样，不是别人那样？

我和别人的区别在哪里？

我的自我形象是什么样的？

我叫什么？我的性别特征？

我的身高？长相？身材……

除了这些外在特征，还包含很多内在的特征：如我的性格、气质特点、人格特征、思维水平、能力、兴趣、价值观，等等。这些是自我探索过程中的常见内容，这些内容勾勒了自我形象的大体轮廓。

2. 人与人工智能的区别是什么？

所谓人工智能（Artificial Intelligence，AI），是研究、开发用于模拟、延伸和扩展人的智能的理论、方法、技术及应用系统的一门新的技术科学。人工智能是计算机科学的一个分支，可以对人的意识、思维的信息过程进行模拟。[1]

心理学上是这么看待人和动物的本质区别的：经过大脑神经系统的进化、到高等脊椎动物思维的萌芽，人类才有了和动物的本质区别。有了思维，才让我们产生了自我意识，有了情感。现在的人工智能，可以模拟人的意识、思维。那么它们和人本质上有没有区别？区别又在哪里？要回答这些问题，就需要弄清楚人工智能的本质。

首先，人工智能是相对于人的智能而言的。从人工智能的概念来看，它主要实现的是对人的意识和思维的信息过程的模拟，仅仅只是信息过程的模拟，并不是人的智能。

其次，人工智能是无意识的、机械的、物理的过程，而人的智能主要是生理的和心理的过程。

再次，人工智能没有人类意识特有的能动性和创造能力，而人类思维则主动提出新的问题，进行发明创造。

最后，人工智能没有社会性，而人类智慧具有社会性。

因此总体来看，人工智能虽然能代替甚至超过人类的部分思维能力，但它同人脑相比，是局部超出而整体不及。智能机器是人类意识的物化，它的产生和发展，既依赖于人类科学技术的发展水平，又必须以人类意识对于自身的认识为前提。因此，从总体上说，人工智能不能超过人类智慧的界限。

1　引自百度百科，https://baike. baidu. com/item/人工智能/9180

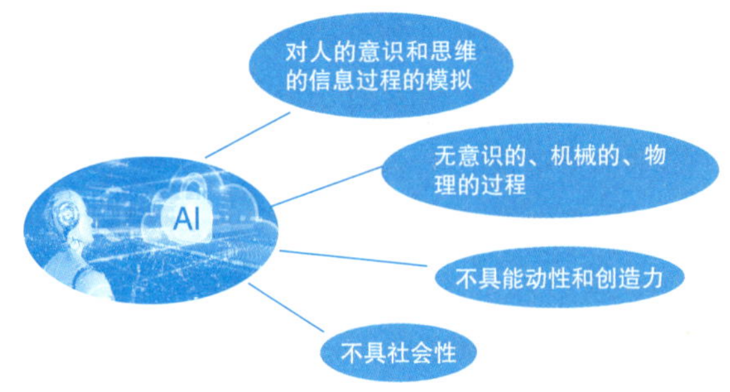

（五）自我的解放

《人类简史》中关于人的认知革命有这样一段阐述：

我们都知道，人是从猴子变来的，随着猴子不断地进化，最终产生了思维，变成了人类。

然而，其实猴子进化成的人类有六种，可最后真正存活下来的只有我们现代人类的祖先——智人。那么问题来了，为什么最后存活下来的只有智人呢？

这个问题的答案非常让人震惊。

因为智人会编故事，会虚构。你可能觉得这个能力没什么了不起，好像也没什么用呀？

举个例子你就知道了，如果没有虚构能力，当人类看到一头牛，就会对其他人说“我看到了一头牛，我们一起去抓吧。”如果对方同意，他们就一起去抓那头牛了，但如果对方不同意，他们可能就不欢而散了。

但是拥有了虚构的能力之后，会怎么样呢？他可能会说“昨天我在山谷里边看见了一群牛，我们如果一块去的话，咱们几十个人一块拦着，把那群牛全部抓了，你觉得怎么样？”

然后对方说“抓了之后怎么分呢？”，他再说“分你们一半可以吧？”。

这就是在“商量”，商量好了之后大家就能一起去抓了。

实际上拥有了虚构的能力，他们就拥有了想象力，想得越多，能够表达出来的就越多。

通过这种想象力，智人很快就能团结起来，协作的效率大大提升。就是这种强大的团体力量，让智人最后成为这个星球的主宰。

虚构的作用还不单单如此，当他们有了虚构的思维之后，他们就会开始寻找心灵上的安慰。

比如说，他们会塑造出各种神灵，然后想象着神灵的保佑，而那些相信同一个神灵的人会团结在一起，于是形成了一个以虚构为前提所组织的社会。

“虚构的能力”，让我们形成了社会、有了国家和民族。所以，某种程度上来讲，我们要探索自我，就需要和这种“虚构的能力”作碰撞。在我们的成长过程中，自我本身被赋予了很多东西，比如我们的人格、身份、学历等。我们要想做真正的自己，就必须首先认清楚自己，即便自我本身就是我们的一种虚构的看法和认识。其次，要获得自我的真正解放，我们就必须冲破自我的束缚，脱离加在自我上的各种期望和角色，冲破自我的各种限制。这样我们才能获得创造性，才能获得自我的真正的解放。

请结合以上描述，思考你自己目前有哪些阻碍，有没有冲破这些阻碍的方法。

二、长板原理——我的优势在哪里?

（一）为什么要探索长板?

1. 长板是进化的馈赠

每个人的存在都是合理的！存在包含了很多东西，比如人类的进化、人类的呼吸、心跳，等等。但同时，存在也给每个人赠予了不同的才干、对事物不同的敏锐性和感知力。这就是上帝给每个人的礼物。这份礼物就是我们的长板！

2. 长板蕴含了真正的自我

上帝赠予我们的礼物是最真实的！所以长板是最真实的自我！

我们的使命就是要让长板自然呈现，让自我自然呈现！

只有在人生最平和、最自然的时候，我们才能体验到长板！

长板是不能被消灭的，任何社会和个人都不能消灭它！长板也不是我们可以创设的，我们不能破坏它，更不能拿走它！我们只可能忘记它，阻碍它，掩盖它，远离它！

很多时候，我们体验不到它，但是它却一直都在！

长板是无条件的、不匮乏、不焦虑、不恐惧、超出时空之外的！

长板不干扰我们，不判断我们，给我们完全的自由！

真实的自我就蕴含在长板中，让我们不受污染、不受蒙蔽！

长板无条件爱我们！

请思考：你如何看待进化赋予我们的这份馈赠?

（二）什么是“长板原理”？

从小我们就被父母和老师这样教导，你语文不错，数学太差，你需要补习你的数学；你很有想法，但是你太自我，要学会与人和睦相处……从哪里跌倒就要从哪里爬起，要勇于克服困难，要敢于和自己的不足做斗争……终于，我们补齐短板，变成了一位……平凡而普通的人。

美国一所大学曾经做了一个为期3年的研究，了解教授快速阅读的最好方法，研究人员测试了一千多名读者的阅读速度和理解能力，获得了戏剧化的结果。实验过程是这样的：开始的测试是在没有教授快速阅读的前提下，一般读者的阅读速度是90个单词/分钟，而超群读者则是350个单词/分钟。在教授了快速阅读的方法之后，一般读者勉强增强到了150个单词/分钟，而超群读者的阅读速度惊人的提升到了2900个单词/分钟。这个结果使最有经验的研究人员都大吃一惊。因为，实验前几乎所有人都认为水平较差的读者会有更大的进步空间。而事实上越是优秀的读者在强化训练中的收益越大。[1]

这个实验表明，我们一定存在着一些独特的“优势”或“长处”，这些优势和长处可以成为我们最具发展潜力的领域。这就是我们要说的“长板”。

那究竟什么是“长板”呢？

2013年1月22日，在四川大学锦城学院2012年度总结大会上，邹广严校长在《锦城课堂大于天，锦城发展重于山》的讲话中正式提出了“长板原理”。原话如下：

在研究和遵循人才成长规律时，我们还必须研究一个“长板原理”。众所周知，管理学上有一个“短板原理”或称“短板效应”，意思是一个由若干块木板组成的木桶的盛水量是由其最短那块板决定的。那么这个理论是否适用于教育和人才培养呢？不完全适合。相反，教育和人才培养倒是适用“长板原理”。就是说，一所学校、一个人，在其基本面可以的情

1　肖云殊．发现在你的才干，点亮你的优势．高校招生[J]，2017．（维普/万方数据来源）

况下（如一个人品格良好或一所学校基本条件具备），他的成功取决于他所具有的最长的那块“板”。

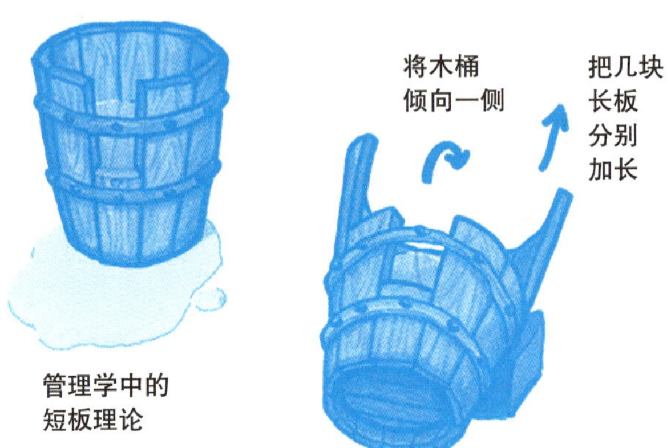

我们可以发现很多科学家、艺术家都是有短板的。钱钟书是文学家，但他考清华大学时数学只考了15分；吴晗是历史学家，他考大学时数学是0分；罗家伦考北京大学时数学是0分，但作文得了满分，此人后来当了清华大学的校长。中国第一个参加奥运会的运动员刘长春，东北大学录取他时，他还是一个人力车夫。如果你考姚明和刘翔的数、理、化或者哲学之类的学科，他可能就较差了。但由于他们都有一技之长，后来都成了“家”。这就叫“长板原理”。

“学校谋特色，学生谋特长”，就是发挥长板效应。

请结合上面的描述，写出你对长板的认识。

（三）如何探索自己的“长板”？

长板不仅可以让我们的发展事半功倍，还可以让我们发挥最大的潜力，那么究竟如何才能找到自己的长板呢？

1. 促进已经表现出来的显性特长

某些领域有可能并不是我们的天生优势，但是通过后天的努力暂时成了我们的特长和优势。比如唱歌好听、钢琴特长、游泳特长……我们可以把它理解为我们平常所说的特长、兴趣爱好。这一类型的显性特长，在我们成长的过程中，可能是我们投入了大量的时间换来的，可能花费了父母和老师的大量心血，也可能伴随着我们的痛苦和坚持。这一类型的特长，可以帮助我们认清自己的优点，增强自我信心，同时，也可以成为我们职业生涯的特色。所以，我们可以继续促进这一部分的长板。

2. 挖掘没有显示出来的天赋才能

我们一般认为天赋就是显性特长，比如上面所说的钢琴、游泳，等等。但是对于很多同学而言，找不到自己这方面的突出优势，该怎么办呢？这很有可能是由于天赋优势不太明显，或者没有发掘出自己身上原本存在的天生的隐形天赋。

马库斯·白金汉在《现在，发现你的优势》一书中，对个人的天赋才能做了以下论述：每个人都有自己的天赋，那些让我们愉悦并感到强大的事情背后，可以挖掘出一些“贯穿始终并能产生效益的思维、感觉或行为模式”，这就是我们的天赋才能。“如果你天生好奇，这是一种才干；如果你好胜，这是一种才干；如果你有魅力，这是一种才干；如果你做事持之以恒，这是一种才干；如果你责任心强，这也是一种才干。任何贯穿始终的思维、感觉或行为模式，如果能产生成就效益，就是一种才干。”如果你要揭示自身天赋才能，有四个识别线索：（1）你所遇到的各种情形的自发的、不假思索的反应；（2）渴望；（3）学得快；（4）满足。

①在一个事件中“不假思索的反应”揭示了各不相同的行为模式，反应不同的天赋才能。

下面的故事给我们展示了“不假思索的反应”是如何揭示自身天赋才能的。

不假思索的反应

凯茜.P是一家电脑软件公司的高级经理。一次，她和公司同事一起飞往多米尼加共和国参加公司的年度销售会议。在飞机上，后排的大个子是公司的总裁布莱德，此人锋芒毕露、固执己见、急不可耐。他前面坐的是埃米，她是全公司的顶级软件设计师，对这一行的细枝末节了如指掌。埃米的对面是马丁，一个爱凑热闹、人见人爱的英国人，他凭借自己四通八达的网络，单枪匹马将一度陷入困境的欧洲分公司扭亏为盈。当然还有加里，那个索然无味的营销总监，像往常那样钻到了布莱德身边的座位上。“飞机刚离地，就出了麻烦”，凯茜回忆说，“我们刚飞上了云端，突然警报器响了，像驴一样嚎起来，整个机舱顿时乱了套。主灯全瞎了，红色的应急灯频频闪烁。我感到飞机在几秒钟里一下子掉了上千英尺。慌乱中，我透过开启的驾驶舱门，瞥见两名飞行员面红耳赤地面面相觑。我立即意识到，他们对眼前发生的一切束手无策。

“机舱里有过片刻的静默——我想大家是吓呆了——可接着每个人都抢着说话。埃米探过头来，对我说：‘凯茜，你能看见仪表盘吗?

你能看见仪表盘吗？’马丁从他的包里摸出一小瓶Smimoff酒，半真半假地大喊：‘至少给我最后一杯酒喝！’加里开始在座位上前后摇摆，一边哭丧：‘我们都要死了。我们都要死了。’布莱德立即出现在驾驶舱门前。我直到今天也没有琢磨透他当时是如何从后排挤出来的。但他明明站在那儿，拼尽全力地嘶喊：‘你们这群混蛋到底想干什么？’”“我？我在做什么？”凯茜说，“我想，在看，跟平时一样。可笑的是，飞机根本就没出任何问题。是一个失灵的系统发出假警报，飞行员慌了神，一推杆，便使飞机直线下降。”

马库斯·白金汉分析，“以上极端压力下的种种反应揭示了不同的主导才干，并在某种程度上有助于解释每个人的工作表现。凯茜对人性的敏锐观察无疑帮助她成为成功的管理者。埃米本能地要求精确，她的软件设计天才由此而生。无论发生什么事，马丁总想开玩笑，或许他就靠这一手赢得越来越多的欧洲客户。布莱德天生的指挥欲是他当领导的基础。甚至加里的哭嚎也证实了他的懦弱性格（这不是一个真正的才干，因为很难设想它如何产生效益）”。

②“渴望”也可以理解为我们从小开始就有的一些梦想。梦想成为什么？渴望得到什么？可能由于现实或生存压力淹没了它们，阻止你将它们付诸行动。但无论外部环境多么压抑，这些顽强的“梦想”“渴望”都会不断呼唤你，以求引起你的注意。而如果你想发现自身天赋才能，就应当倾听它们的呼声。

③如果你学一种新技能特别快，就可以说明你具有某种强大的天赋才能。比如开始学习ppt演示、建筑制图、文书写作、起草商业计划书、清扫酒店客房、编辑报纸文章或安排嘉宾参加会议就坐等，你的动作很快就摆脱了新手身上常见的僵直和生硬，而像大师一样行云流水，那么恭喜你，你可能具有某种强大的天赋才能。

④如果你从事一项活动感觉良好、心理动力充沛、非常喜欢、有愉悦的满足感，那么你就很可能在使用你的天赋才能。当你从事某项活动时，

请你设法区分你进行思考的时态。如果你所考虑的是现在时——“这一切什么时候结束？”——那你八成没有用才干。但是如果你发现自己在用将来时思考——“我什么时候再干一次？”——那你很可能喜欢做这事，并且在用你的一个才干。

不假思索的反应、渴望、学得快和满足都能帮助你发现自身才干的蛛丝马迹。当你为生活而奔忙时，不妨停下脚步来，避开从你耳边嗖嗖吹过的风声，转而倾听这些线索。它们将帮助你发现自身才干。

在成长的过程中，我们会因为社会化的要求掩盖了我们内心真实的愿望。比如，我从小喜欢画画，但是父母认为画画是不务正业，不允许我们学习这方面的专业；比如喜欢电子游戏，家长认为这是没出息，等等。比如喜欢某个专业，但父母认为出来不好找工作，等等。所以我们活成了父母或者社会期待的模样，但是我们丢失了我们内心真实的渴望。因此，要寻找自己的天赋长板，我们需要通过上述四项线索，努力摒弃社会和他人附加给我们的影响，才能让曾经隐藏的天赋大放异彩。

请根据以上描述，回答下列问题：

1. 你有已经显示出来的长板吗？如果有，请写下来。如果没有，请思考原因。

2. 能否根据上面的四条线索，挖掘出属于自己的天赋才能？你的才能可能是什么？请写下来。

（四）长板验证——“5+5+4”公式

长板的寻找和挖掘并不是一件简单的事。一个问卷、一次反思、一次寻找并不能给出我们想要的答案。所以，我们需要不断地验证。这里有一个“5+5+4”公式，可以帮助体验和验证我们的长板。

你曾经做过的或现在做的任何事都可以通过以下标准来检验：五感+五性+四线索，即“5+5+4”公式。

1. 长板“五感”

①满足感：指灵魂、精神、心灵深处的满足状态，不是生物本能的满足，表现为做某件事时的无疲劳感、无匮乏感以及全身心投入的状态。

②超越感：做某件事时，事情本身就是目的，超越了时空、超越了周围环境、超越了自我的一种“无我”状态。当你做事是为了寻求外界认同和结果时，这些事一般不是我们的长板。

③自然感：指做事的时候一种自然而然、浑然天成、恰如其分、行云流水、无阻隔、具有流畅性、天人合一的体验状态。

④效率感：从事与长板相关的事，上手快，学得快，不费力，效率高。

⑤兴奋感：当做某些事时，我们会感到有吸引力、有渴望、有热情、有冲动，并且能启动和激发我们的能量中心，那么和这些事相关的可能就是我们的长板。

2. 长板“五性”

①无选择性：无选择性就是自发性。长板就是神经的兴奋点。一旦发现长板，就没有选择了，一切都是长板的选择，离开长板的任何选择都是错的。长板具有唯一的真理性、唯一的正确性。从事与长板相关的事时，我们的纠结一般都会很少。

②无害性：长板一般都是真善美的，是无害的。长板对自己、对他人、对环境等各方面都是无害的。

③内生性：长板区别于外在驱动，主要来自内心的渴望，而不是来自他人的期待和外界的认可。

④持续性：长板是敏感的能量中心和能量场。处于长板状态中的我们

是有源源不断的能量的。一旦能量启动，无须坚强的意志和艰苦的努力，就可以一直持续进行下去。

⑤挑战性：当人们从事与自身长板相关的事情时更勇于接受挑战，且较少去考虑结果，具有抗挫力，不容易放弃。

3. 长板“四线索”

①不假思索的反应（直觉反应）。

②学得快。

③享受，感到满足和舒适。

④有渴望。

体验是验证我们潜能、天赋、长板的最好办法！如果你在体验中感受到了如上三项以上的感受，那恭喜你，你离发现自己的长板更近了一步。认识自我是一条漫长的路，而发现和挖掘我们的长板，则是自我探索途中最精彩的一页！

请根据以上“5+5+4”公式，选择一些事件来体验，并写下你的体验感受。

____

____

____

（五）为什么我们没有长板状态？

长板的状态，实际上也就是天才的状态。为什么我们大多数人都没有长板状态呢？答案是，我们大多数人都“卡在了自我中”！

大多数时候，我们的自我都是结果导向。我们的自我靠成绩、就业以及身份地位等来引导。我们在大多数人的期待中耗费了大量的时间和精力。我们在社会化过程中所形成的“自我”恰恰成了我们长板发挥的阻碍。

要实现长板，就要抛开这些束缚。

所谓长板实现，就是没有“自我束缚”的实现，也就是“无我实现”！一旦我们全身心投入到长板中，自我也就不存在了！

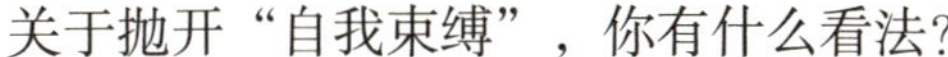

关于抛开“自我束缚”，你有什么看法?

（六）长板发挥有哪些阻碍?

事实上，只要识别出了自身的长板和优势，发挥“长板”其实就是自然而然的事情。但生活中经常会有很多困难与阻碍，比如社会或经济的压力有时会成为发挥优势的阻碍。

荣获布克奖的小说家佩内洛普·费茨吉拉德由于丈夫酗酒，不得不只身养家，直到五十多岁时才得以释放写作的欲望。而一旦与丈夫永久分居，她的欲望就像孩子一样不可阻挡。在她余生的20多年中，她共发表了12部长篇小说。当她80高龄去世时，她被广泛尊为业内的顶级高手。她的一名作家朋友称她为“有史以来最优秀的英国小说家”。

安娜·玛丽·罗伯森·摩斯出生在纽约州北部的一个农场里，她自幼就喜欢画画，为了表现周围景物五彩缤纷的色调，她甚至用浆果和葡萄汁作颜料。但她的绘画激情很快就被繁忙的农活所淹没。整整60年，她竟没动过一次画笔。直到78岁时，她退休在家，她的才干才终于得以释放。一如佩内洛普·费茨吉拉德，积聚多年的才干喷涌而出，使她骤然跃上创作的高峰。其后23年，直到她去世，她画了数千幅儿时记忆的景物，举行过15次个人画展，成为举世闻名的摩斯奶奶画家。[1]

1　马库斯·白金汉著，方晓光译．现在，发现你的优势[M]．北京：中国青年出版社，2002．

当然，你偶尔也可能被我们不妨称作的“虚假渴望”所误导。例如，受到想象中的鸡尾酒会和招待会的华丽场面的吸引，你会渴望进入公关业。或者，你出于某种控制欲而渴望当经理。（显然，识别虚假渴望的最好方法就是访问一位业内人士，听他谈谈绚丽外表之下的日常琐事。）排除了虚假信号之后，你就值得为建立优势而追求自身渴望的目标。

在发挥“长板”的过程中会遇到很多的困难：

1. 困难与“长板”

发挥“长板”的过程中会遇到的困难

害怕弱点
害怕失败
害怕真实的自我

① 害怕弱点。

很多人对自身弱点的害怕压倒了对自身优势的信心。有时我们对优势熟视无睹，反而认为克服弱点才是“机会所在”。但事实是：关注并设法控制弱点，虽然有时确有必要，但那只能帮助我们避免失败，而不能帮助我们出类拔萃。

② 害怕失败。

人们常常会有如下表现：当失败的原因与我们的为人之本无关时，我们可以接受；当失败的原因与我们的优势有关时，我们不能接受。但请记住，这只是通常的表现，而不是正确的表现。

所以若你在发挥优势的过程中失败了，不必气馁，因为辉煌人生就是这样。行动—学习—改进—再行动—再学习—再改进，尽管看起来很笨拙，但这确实是辉煌人生的实质。

③ 害怕真实的自我。

你之所以不愿意研究自身的优势，很可能是因为你认为你的真实自我没有什么惊人之处。尽管不无成就，但你仍然怀疑自己是否真如人们所想的那样富有才干。你会认为可能是运气或环境，而不是你的优势造就了你的成功。

2. 条件与“长板”

很多人在做某件事的时候，总是喜欢等待，等待条件成熟、等待困难不再，日子就在等待中蹉跎。事实上，真正的优势一旦发挥，是不用讲求任何条件的。

请记住，你对周围世界的本能反应，那些你忍不住去做的事，是使你有别于其他任何人的优势，坚持下去，一定会使你出类拔萃的。

3. 知识技能的获得与“长板”

事实上，找到核心优势之后，我们还需要获得相关的知识和技能，才能使自己的天赋才能成为真正的长板和优势。

格拉韦尔通过利用心理学实验、社会学研究，对古典音乐家和冰球运动员进行统计调查，总结出了“一万小时定律”，即要促使精益求精，需要练习10000小时——10年内，每周练习20小时，大概每天3小时。

事实上，曾经有人批判这个定律，认为它否定了天赋的重要性。这里不去探讨定律的科学与否，仅仅探讨发挥优势的过程中，除了要识别出自己的天赋才能，还需要通过获得知识技能让我们的才能精益求精，继而变为自己的“长板”。

4. 各种阻碍与“长板”

个体处于社会中，需要完成社会化历程，才能在社会中生存。所以，我们每个人身上都带有社会化的烙印，只不过程度不同而已。对于长板的发挥，如果顺应了社会化，那么我们身上就加上了诸多的限制，比如选择职业方向，肯定会受到社会价值观（比如高薪、福利好等）的影响。

同时，心理学上有一个“从众”效应，它是指在群体影响下放弃个人意见而与大家保持一致的社会心理行为。比如，一个人在大街上跑，有无聊的人看到觉得有趣，便跟着跑；然后有好奇的人想知道出了什么事，也跑了起来。如此不断有人加入，不一会儿，整条街上的人都跑起来了，这种行为就叫从众。社会心理学家S·阿希（Asch·S·E）等人的研究与实验证实，群体成员的行为通常有跟从群体的倾向。当成员发现自己的意见和行为与群体不一致时，会产生紧张感，促使他与群体趋向一致。

所以，我们会认同他人，害怕与他人不一样，从而陷入限制性的观念里面。而要发挥长板，就要敢于打破这些限制性的观念，发挥自己的主权意识和主体意识。

上述内容，对你有什么启发？

三、如何探索自我和长板？

了解和认识自我是人一生的功课，也是大学最重要的功课。

你了解你自己吗？你有什么样的天赋或缺陷？你是什么性格？你的兴趣是什么？跟其他人相比，你有什么独特的经历？你有什么才能？

回答这些问题始终是你的责任，需要你花时间安静地分析，其他任何人都无法越俎代疱。当然有一些方法可以帮助你，下面介绍几个典型的做法，希望能帮你做一个更客观的自我分析。

（一）内省法

内省法也可以叫作自我察觉、自我关照，主要是指对自我的审视和观察。可以通过以下两个示例方法来进行自我察觉，也可以用其他自己认为可以自我审视和观察的方法来进行：

1. 我是什么样的人？

我是谁？请在下面的“我……”后面写出自己的答案，按照头脑中出现的先后顺序写出10个答案：

我______________________________

我______________________________

我______________________________

我______________________________

我______________________________

我______________________________

我______________________________

我______________________________

我______________________________

我______________________________

一开始，你可能会很顺利地写出很多答案，比如“我是学生”“我喜欢旅游”等，但是渐渐地你就会发现怎么也写不出来了。这时，你再回过头去看看自己填写的内容，就会意识到自己处在什么样的位置，花了多少时间在什么事情上面。这个方法可以很好地帮助我们看清楚自己是什么样的人。

2. 分析自己

除了自己分析自己外，你还可以通过其他的途径来认识和分析自己。

你可以先写下自己的五个优点，一定要是自己认为非常核心的。然后再分别找同学、朋友、家人等熟悉你的人，请他们也写出你的五个优点。看看他们对你的认识与你对自己的看法有什么异同，并和他们讨论这些异同。

我眼中自己的五个优点

同学心中我的五个优点

朋友心中我的五个优点

家人心中我的五个优点

这些评论中相同的优点，可能就是属于你自己专有的标签。从这些内容中可以找出你自己的长板。

（二）去伪法

所谓去伪法，可以理解为去伪存真。去掉别人和社会价值观强加给自己的内容，去掉笼罩在身上的各种障碍物，只留下属于自己的、与生俱来的天赋潜能。你可以使用“回忆—问题列举法”去伪。

（1）从小到大哪些事是你做得比别人更快更好的？

（2）哪些事你花的时间最多？

（3）哪些事可以让你废寝忘食，兴奋不已？

（4）别人总称赞你的事是什么？

（5）当你听到哪些事最能激励你，或让你感动？

（6）你绝对不能接受自己在哪些事情上面退步？

（7）假如你离开人世，人们最可能在哪些事情上怀念你？

（三）“认出和记住”法

1. 认出

所谓认出即为了解，了解即为到达。了解即为实践，只要认出了，天赋就开始执行，就不会经历选择的纠结。要认出，就要恢复我们的主权意识、主体思维。认出自己的方法也有很多，每个人可能都有属于自己的认出方法，下面所列的“成就事件列举法”仅供参考。

请写下迄今为止你的人生中令你有成就感的具体事件，然后对其进行分析，看看你在其中使用了哪些技能。

这些成就事件不一定是工作或学习上的，也可以是课外活动或家庭生活中发生的，比如同学聚会、一次美好而难忘的旅游等，这些事不必是惊天动地的大事，只要符合两条标准就可以视为“成就”。

（1）你喜欢做这件事时体验到的感受；

（2）你为完成它所带来的结果感到自豪。

如果你同时还获得了他人的认可和表扬，那就更好了，不过这并不重要。

在撰写成就事件时，每一个事件都应当包含以下要素：

（1）你想达到的目标，即需要完成的事情；

（2）你面临的障碍、限制或困难；

（3）你的具体行动步骤，即你如何一步步克服障碍、达成目标；

（4）对结果的描述，即你取得了什么成就，最好能够量化评估（用某种方法衡量或以数据说明）。

至少写出七个故事（越多越好）。如果有条件的话，请和两三个同伴一起逐一分析讨论，在其中你都使用了一些什么技能。最后看看在这些事件中是否有重复出现的技能，如果有，那它们就是你喜爱施展也擅长的技能。将这些技能按优先顺序加以排列。

我的“成就”事件

1. ________________________
2. ________________________
3. ________________________
4. ________________________
5. ________________________
6. ________________________
7. ________________________

2. 记住

所谓记住，可以理解为认出过后的行动，达到全力以赴、直达边界。比如21天训练法、21天长板探索法等。比如：写作，能否做到每天一篇？

在行为心理学中，人们把一个人的新习惯或理念的形成并得以巩固至少需要21天的现象，称为21天效应。这是说，一个人的动作或想法，如果重复21天就会变成一个习惯性的动作或想法。

习惯的形成大致分为三个阶段：

第一阶段：1～7天。此阶段表现为“刻意，不自然”，需要十分刻意地提醒自己。

第二阶段：7～21天。此阶段表现为“刻意，自然”，但还需要意识控制。

第三阶段：21～90天，此阶段表现为“不经意，自然”，无须意识控制。

（四）价值观探索

价值观是我们在生活和工作中所看重的原则、标准或品质。它指向我们一生中最重要的东西，是个体行为背后的深层动机，对个体的职业选择和发展起到重要的激励、影响作用。

价值观列表				
人际关系	团队合作	物质保障	稳定	安全
创造性	健康	家庭	朋友	亲密关系
爱	信仰	幸福	成功	名誉
地位	乐趣	自由	独立	新鲜感
变化性	受尊重	被认可	成长机会	权力…

澄清你的价值观

如果现在是世界末日，你只能从上面的价值观列表中选出五种对你来说最重要的来保护，你会选择哪五种？如果你认为重要的价值在表中没有列出，也可以另写。

我选择的五条是：

现在，为了逃命，你不得不放弃其中的一条，你会放弃哪一条？

你到了一个新的星球，为了能够获得当地居民的接受，你必须继续放弃剩下四条中的一条，你会放弃哪一条？

好了，现在你似乎安全了，有人让你从剩下的三条价值观中交出一条用以换取食物，你会交出哪一条？

你现在还保护着两条价值观。当地居民告诉你，想要在这个星球生活，每个人只能保有一种价值观，你必须从中选出一条来放弃，你会放弃哪条？

最后，你只剩下一条价值观了，这是否是你无论如何也不愿放弃的？

对于剩下的这条对你而言最重要的价值观，你有怎样的了解和想法？

（五）社会比较法

社会比较法主要是运用各种手段对个人的兴趣、爱好、价值观、能力等方面进行横向和纵向的比较。纵向比较是个人对自己成长的经历进行比较，从而进行自我探索；横向比较主要是与自身条件相符的人进行比较。在与他人进行比较时，需要考虑以下问题：

第一，跟别人比较的是行动前的条件，还是行为后的结果？比如来自农村的大学生进入大学学习，不应该认为自己来自农村，条件不如别人，并因此影响到学习、心态和情绪，而要与其他同学比大学学习期间的学习成绩及毕业后的工作成绩才有意义。

第二，跟别人比较是依据相对标准还是绝对标准？是可变的标准还是不可变的标准？经常有大学生认为自己不如他人。其实他们关注的可能是外貌、家世等不能改变的条件，这些都没有实际比较的意义。

第三，比较的对象是什么人？是与自己条件相类似的人，还是个人心目中的偶像或不如自己的人？确立合理的参照系和立足点对自我探索尤为重要。在比较的时候，对象的选择至关重要，找不如自己的人做比较，或者拿自己的缺点与别人的优点比，都会有失偏颇。因此，要根据自己的实际情况，选择条件相当的人做比较，找出自己在群体中的合适位置，这样认识自己才比较客观。

（六）他人评价法

都说旁观者清，在工作和生活中，与我们长期相处的人也是相对了解我们的人，因此，他们的反馈意见可以让我们更客观直接地认识自己。当然，以他人为镜认知、评价自己，并不是指别人对自己的某一次评价，而主要是指从对自己有影响的、关系较为密切的周围人的一系列评价中概括出来的某些经常的、稳固的认知与评价，这才是自我认知的基础。因此，大学生在学习和择业时，要虚心听取父母、老师、朋友、同学对自己的看法，了解他们对自己长处和不足的评价，征求他们对自己择业的意见，这对正确认识自己、正确选择职业是很有帮助的。尤其要善于听取反面意见和批评意见，只有这样，才能更全面地了解自己。当然，对别人的评价，也要全面了解、正确分析。获得很多反馈之后的关键在于懂得甄别，对于某些与其他反馈相左的意见，更要花时间去了解和辨别，因为这个反馈所强调的，很可能正是一条自己忽略而且一般人也忽略了的重要信息。

（七）避免巴纳姆效应

在日常生活中，我们既不可能每时每刻去反省自己，也不可能总把自己放在局外人的角度加以观察，于是只能借助外界的信息来对自己加以认识。正因如此，每个人在认识自我时总容易受外界信息的暗示而迷失在环境当中，并把他人的言行作为自己行动的参照。

“巴纳姆效应”指的就是这样一种心理倾向，即人很容易受到外界信息的暗示，从而出现自我知觉的偏差，认为某种笼统的、一般性的人格描述十分准确地揭示了自己的特点。

这个效应是以一位受欢迎的著名魔术师肖曼·巴纳姆的名字来命名的，他曾经在评价自己的魔术表演时说：他的节目之所以受欢迎，是因为节目中包含了每个人都喜欢的成分，所以每一分钟都有人上当受骗。

由于在现实生活中，人们常常认为某种笼统的、一般性的人格描述十分准确地揭示了自己的特点，因此心理学上将这种倾向称为“巴纳姆效应”。

心理学实验证明，每个人都很容易相信一个笼统的、一般性的人格描述特别适合他。即使这种描述十分空洞，他仍然认为准确地反映了自己的人格面貌。

曾经有心理学家用一段笼统的、几乎适用于任何人的话让大学生判

断是否适合自己，结果，绝大多数大学生认为这段话将自己刻画得细致入微、准确至极。下面一段话是心理学家使用的材料，你是否觉得特别适合你呢？

你很需要别人喜欢并尊重你。你有自我批判的倾向。你有许多可以成为你优势的能力没有发挥出来，同时你也有一些缺点，不过你通常都可以克服它们。你与异性交往有些困难，尽管外表上显得很从容，其实你内心焦虑不安。你有时怀疑自己所做的决定或所做的事是否正确。你喜欢生活有些变化，厌恶被人限制。你以自己能独立思考而自豪，别人的建议如果没有充分的证据你不会接受。你认为在别人面前过于坦率地表露自己是不明智的。你有时外向、亲切、好交际，而有时内向、谨慎、沉默。你的有些抱负往往很不现实。

上面这段话其实是一顶戴在谁头上都适合的帽子。在生活中，巴纳德效应十分普遍，常常让人信以为真。尤其是当人情绪低落、失意的时候，容易对生活失去控制感和安全感，心理压力大大增强，受暗示的可能性就比平时更大了。

无论在生活中还是职场中，可以通过以下几种途径避免巴纳姆效应：

① 学会面对自己。

有这样一个情商测试题目：一个落水昏迷的女人被救起，她醒来发现自己一丝不挂时，第一反应会是捂住哪里呢？答案是尖叫一声，然后用双手捂着自己的眼睛。

从心理学上来说，这是一个典型的不愿面对自己的例子，因为自认为有“缺陷”，就通过自欺欺人的方法把它掩盖起来，这种掩盖就像上面的落水女子一样，是把自己的眼睛蒙上。所以，要认识自己，首先必须学会面对自己、正视自己。

② 培养收集信息的能力和敏锐的判断力。

很少有人天生就拥有明智和审慎的判断力。实际上，判断力是一种在收集信息的基础上进行决策的能力，信息对于判断的支持作用不容忽视，没有相当的信息收集，很难做出明智的判断。因此，想要提升自己的判断力，就应该培养收集信息的能力。

替人割草的孩子

一个替人割草的孩子打电话给一位陈太太说："您需不需要割草？"陈太太回答说"不需要了，我已有了割草工。"这个孩子又说"我会帮您拔掉花丛中的杂草。"陈太太回答："我的割草工也做了。"这孩子又说："我会帮您把草与走道的四周割齐。"陈太太说："我请的那人也做了，谢谢你，我不需要新的割草工人。"孩子便挂了电话。孩子的伙伴在一旁莫名其妙地问他："你不是就在陈太太那儿割草吗？为什么还要打电话问她呢？"孩子带着得意的笑容说："我只是想知道我做得有多好！"

这个孩子可以说是十分关注收集针对自己的信息，因此可以预见他的未来成长及可能取得的成就绝非一般人能比。

③ 以人为镜，通过与身边的人进行各方面的比较来认识自己。

④ 通过对重大事件，特别是重大的成功和失败认识自己。

在重大事件中获得的经验和教训可以提供了解自己的个性、能力的信息，可以让我们从中发现自己的长处和不足。越是在成功的巅峰和失败的谷底，就越能反映一个人的真实性格。

在职场中奋斗，要清楚地认识自己，无论是成功还是失败时，都应坚持辩证的观点，不忽视长处和优点，也要认清短处和不足。

（八）心理测评法

心理测评法的基本原理是，通过一个人对问题情境的反应来推论他的心理特征，也就是从个体的外在行为模式来推知其内在心理特征。因而，心理测评是间接的而不是直接的测评人的心理特征。通过心理测评法可以深入地分析和评价自己不知道且别人也不知道的一面，即潜在我。

但必须注意：测评的结果受多方面因素的影响，比如测试者的测试动机、测试环境、测试时的状态等。当测评结果与当时的自我认知出现较大的偏差时，建议请心理测评领域的专家或职业咨询顾问来帮助解读测评结果，或者通过自我反省法、成就回顾法对测评结果进行求证和澄清。

为了最大限度地发挥心理测评的效用，首先，应该选用一个比较权威的心理测试工具；其次，在做测评的过程中，一定要按照自己的真实想法填答，避免主观情绪；最后，要选择一个没有外界干扰的安静环境。

各种心理测评问卷详见附件。

心理测评问卷附件

1、自我形象探索[1]

●测试指导语

在测试中，有 50 个形容词，请从前到后读两次。

第一次读时，如果碰到形容词切合自己的形象，就在“我正是”那栏的方格内划一个“√”。

第二次读时，不管你在前面那栏划了多少个“√”，这次是在“我想成为”那栏划“○”。一路读下去，碰到自己将来想具备的形象特质形容词，就划“○”。当然，有些形容词在两栏中都会被划上记号，那表示你目前和将来都具有那些特质；另一些形容词则可能只有一个记号，也可能一个也没有。

千万记得，打“√”和“○”要分开来做，作答完毕，再按计分方式算出得分。

● 测试：

我正是	我想成为	我正是	我想成为
□	□ 野心勃勃的	□	□ 好辩的
□	□ 独断的	□	□ 吸引人的
□	□ 好战的	□	□ 粗鲁的

1　布莱尔·沃森著（美），朱韵译．评价—世界500强用人标准[M]．北京：朝华出版社，2005．

我正是	我想成为	我正是	我想成为
□	□ 谨慎的	□	□ 迷人的
□	□ 聪明的	□	□ 好竞争的
□	□ 肯合作的	□	□ 有创造力的
□	□ 好奇的	□	□ 愤世嫉俗的
□	□ 大胆的	□	□ 果断的
□	□ 坚毅的	□	□ 迂回的
□	□ 小心的	□	□ 卖力的
□	□ 有效率的	□	□ 精力充沛的
□	□ 有趣的	□	□ 好嫉妒的
□	□ 宽大的	□	□ 受挫的
□	□ 慷慨的	□	□ 诚实的
□	□ 引人注目的	□	□ 冲动的
□	□ 独立的	□	□ 懒惰的
□	□ 乐观的	□	□ 能说会道的
□	□ 有耐心的	□	□ 实际的
□	□ 有原则的	□	□ 轻松的
□	□ 机智的	□	□ 自我中心的
□	□ 有自信的	□	□ 敏感的
□	□ 聪明能干的	□	□ 顽固的
□	□ 猜忌的	□	□ 胆小的
□	□ 强硬的	□	□ 可信的
□	□ 温和的	□	□ 服从的

●计分方法

在你的答案里，如果一个形容词只有一个记号，记1分；如果有两个记号，不计分；两个记号都未出现，也不计分。把所有得分加起来就是你的总分。

总分：__________分。

●得分说明

□　得分在22分以上为高分者

得分在此区间的人，成功的机会和个人成就感都很高。

你对自己有很高的正面评价，你的表现和态度正像你希望的那样。这种高度的正面自我形象会让你承担风险、发掘机会，因为你有信心，并对自己的能力感到满意。其他人则可能受到你的鼓舞，以你为榜样向前冲。

□　得分在11分以下为低分者

得分在此区间的人，具有健康的人格。

你比一般人对自己感到满意，即使“真正的自己”和“理想中的自己”仍有较大矛盾。这种自我满意度较高，但是上进心不强，满足于现状。或者是内心矛盾感强，不稳定。你可以试着从第二栏中挑选一两个你所希望具备的人格特质形容词并努力去做，就会发觉颇有趣和有收获。

□　得分在12～21分为中等者

大多数人得分都落在这组，所以这些人都不可能很成功。

你也不应该看扁自己，你仍有机会可以力争上游。你最应该做的就是把“真正的自己”和“理想中的自己”的距离尽量缩短。或者需要决心和努力，也只有如此才能增加信心和行动的理由，进而迈向成功。

2、乐观VS悲观测试[1]

●测试指导语

你是个乐观主义者（或悲观主义者）吗？你透过亮丽（或灰暗）的镜子来看待人生吗？请用“是”或“否”一一回答下列问题。

1　布莱尔•沃森著（美），朱韵译．评价—世界500强用人标准[M]．北京：朝华出版社，2005．

●开始测试

1．上飞机前，你会买保险吗？

2．如果有重要的约会，你会提早出门以防塞车、抛锚或别的状况发生吗？

3．你对未来的12个月充满希望吗？

4．度假时，你曾经不预定旅馆就出门吗？

5．度假时，把家门钥匙托给朋友或邻居保管，你会将贵重物器事先锁起来吗？

6．你把收入的大部分用来买保险吗？

7．你曾梦想过赢了彩券或继承一大笔遗产吗？

8．你觉得大部分的人都很诚实吗？

9．出门的时候，你经常带着一把伞吗？

10．对于新的计划，你总是非常热衷吗？

11．当朋友表示一定奉还时，你会答应借钱给他吗？

12．大家计划去野餐或烤肉时，如果下雨，你仍会照原定计划准备吗？

13．在一般情况下，你信任别人吗？

14．你随身带着安全别针或一条绳子，以防万一衣服或别的东西裂开吗？

15．如果医生叫你做一次身体检查，你会怀疑自己可能有病吗？

16．每天早晨起床时，你会期待又是美好的一天的开始吗？

17．收到意外的信或包裹时，你会特别开心吗？

18．你会随心所欲地花钱，等花完以后再发愁吗？

19．如果半夜里听到有人敲门，你会以为那是坏消息或有麻烦发生了吗？

20．你跟人打过赌吗？

●计分方法

1．	是—0	否—1	2．	是—0	否—1
3．	是—1	否—0	4．	是—1	否—0
5．	是—0	否—1	6．	是—0	否—1

7.	是—1	否—0	8.	是—1	否—1
9.	是—0	否—1	10.	是—1	否—0
11.	是—1	否—0	12.	是—0	否—1
13.	是—1	否—0	14.	是—0	否—1
15.	是—0	否—1	16.	是—1	否—0
17.	是—1	否—0	18.	是—1	否—0
19.	是—0	否—1	20.	是—1	否—0

●结果说明

□　如果你的分数是0～7分

你是个标准的悲观者，看人生总是看到不好的那一面。身为悲观者，唯一的好处是，由于你从来不往好处想，你也很少失望过。然而，以悲观的态度面对人生，却有太多的不利，你随时会担心失败，因此宁愿不去尝试新的事物，尤其是当遇到困难时，你的悲观会让你觉得人生更灰暗、更无法接受。悲观会使人产生沮丧、困惑、恐怖、气愤和挫折的心理。如果你积极地面对人生，即使你偶尔仍旧感到失望，但逐渐地，你会对人生增加信心，这胜过原来的消极态度带给你的影响。

□　如果你的分数是8～14分

你对人生的态度比较正常，不过，你仍然可以更进一步，学会怎么以积极和乐观的态度来应付人生中无法避免的情况。

□　如果你的分数是15～20分

你是个标准的乐观主义者，你看人生总是看到好的那一面。将失望和困难摆在旁边。乐观使人活得更有劲。不过，要记住，有时候过分乐观，也会让你对事情掉以轻心，结果反而误事。

3、激励因子测试[1]

●测试指导语

根据麦克莱戈需要理论，人有三种需要：

1　布莱尔•沃森著（美），朱韵译．评价—世界500强用人标准[M]．北京：朝华出版社，2005．

（1）成就需要：追求卓越，实现目标，争取成功的内驱力。

（2）权力需要：使别人的行为与其他条件下有所不同的需要。

（3）合群需要：建立友好和亲密的人际关系的需要。

为了确定你的主导需要——即什么能够激励你，请将你的答案的得分分别填入后表中对应的题目标号后面。

● 开始测试

对下面15句话，在"非常不同意"到"非常同意"之间有5个不同的认同程度值，请在每一个问题上都圈出和你的认同度最接近的数字。结合你现在的工作或者过去的工作经历思考一下你的答案。

1. 我非常努力改善我以前的工作以提高工作绩效。

非常不同意 ←——→ 非常同意

1 2 3 4 5

2. 我喜欢竞争和获胜。

非常不同意 ←——→ 非常同意

1 2 3 4 5

3. 我常常发现自己和周围的人谈论与工作无关的事情。

非常不同意 ←——→ 非常同意

1 2 3 4 5

4. 我喜欢有难度的挑战。

非常不同意 ←——→ 非常同意

1 2 3 4 5

5. 我喜欢承担责任。

非常不同意 ←——→ 非常同意

1 2 3 4 5

6. 我想让其他人喜欢我。

非常不同意 ←——→ 非常同意

1 2 3 4 5

7. 我想知道在我完成任务时是如何进步的。

非常不同意 ←——→ 非常同意

1 2 3 4 5

8. 我能够面对与我意见不一的人。

非常不同意 ←—— —— ——→ 非常同意

1 2 3 4 5

9. 我乐意和同事建立亲密的关系。

非常不同意 ←—— —— ——→ 非常同意

1 2 3 4 5

10. 我喜欢设置并实现比较现实的目标。

非常不同意 ←—— —— ——→ 非常同意

1 2 3 4 5

11. 我喜欢影响其他人以形成我自己的方式。

非常不同意 ←—— —— ——→ 非常同意

1 2 3 4 5

12. 我喜欢隶属于一个群体或组织。

非常不同意 ←—— —— ——→ 非常同意

1 2 3 4 5

13. 我喜欢完成一项任务之后的满足感。

非常不同意 ←—— —— ——→ 非常同意

1 2 3 4 5

14. 我经常为了获得更多的对周围事情的控制权而工作。

非常不同意 ←—— —— ——→ 非常同意

1 2 3 4 5

15. 我喜欢和其他人一起工作而不是一个人。

非常不同意 ←—— —— ——→ 非常同意

1 2 3 4 5

●说明

把每一栏的得分汇总，每一项的得分最终会落在5～25分之间，得分最高的那一项是你的主导需要，也就是能够激励你不断成功的因子。

计分表

成就		权力		合群	
题号	得分	题号	得分	题号	得分
1		2		3	
4		5		6	
7		8		9	
10		11		12	
13		14		15	

4、锦城学院学生个体智能长板探测评估表

● 测试指导语

测试前请仔细阅读下面的注意事项：

（1）正确看待探测的结果——合理参考，服务自我。

我们的长板是一个非常复杂的系统，所以本探测表只是给大家提供一个参考，不可过分迷信，杜绝“扣帽子”和“贴标签”现象。越合作，测试的结果越准，结果的参考价值就越大。

（2）科学面对长板探测——消除顾虑，积极合作。

我们的探测只是用来为同学们认识自己、发展自我提供依据，所以请大家不要去猜测怎样填才是最好的，越真实的结果就是越好的结果。不要受他人影响，也不要影响他人。此外探测结果不作为任何评价的依据，因此得出的结果不会影响在校的学习、生活。

（3）客观应对长板探测——第一反应、真实作答。

本探测表的答案没有好坏之分，请按照自身的实际情况，如实、逐项作答。请尽量读完题目就做出选择，不要给自己思考的时间，这样可以避免由于理性给测评带来偏差。请不要遗漏，作答过程中自己独立完成，禁止他人围观。

●测试题目

① 语言智能。

L01．我渴望阅读。

非常不符合　不符合　有点不符合　符合　非常符合

L02．我阅读速度很快。

非常不符合　不符合　有点不符合　符合　非常符合

L03．阅读让我快乐和满足。

非常不符合　不符合　有点不符合　符合　非常符合

L04．我渴望写作。

非常不符合　不符合　有点不符合　符合　非常符合

L05．我写作很快，文思泉涌。

非常不符合　不符合　有点不符合　符合　非常符合

L06．写作让我充实和满足。

非常不符合　不符合　有点不符合　符合　非常符合

L07．我渴望参加辩论和公众演说活动。

非常不符合　不符合　有点不符合　符合　非常符合

L08．我善于和各种各样的人说话交流。

非常不符合　不符合　有点不符合　符合　非常符合

L09．能用语言表达自己我感到很满足。

非常不符合　不符合　有点不符合　符合　非常符合

② 逻辑数字智能。

L01．我渴望用数学运算来解决问题。

非常不符合　不符合　有点不符合　符合　非常符合

L02．上数学方面的课程，我觉得很容易。

非常不符合　不符合　有点不符合　符合　非常符合

L03．和数字打交道，我感到很充实和满足。

非常不符合　不符合　有点不符合　符合　非常符合

L04．我渴望找出事物之间的逻辑关系。

非常不符合　不符合　有点不符合　符合　非常符合

L05．我觉得用抽象的符号来替代文字描述很容易。

非常不符合　　不符合　　有点不符合　　符合　　非常符合

L06．提出假设性问题并探究原因，让我很满足。

非常不符合　　不符合　　有点不符合　　符合　　非常符合

L07．我渴望思考问题时能进行层层推理。

非常不符合　　不符合　　有点不符合　　符合　　非常符合

L08．我可以很容易地找出事物的规律（比如很容易找出这种问题的答案1，4，7，1，4，_____）。

非常不符合　　不符合　　有点不符合　　符合　　非常符合

L09．收集、处理、分析、解释和预测数据，让我感到很满足。

非常不符合　　不符合　　有点不符合　　符合　　非常符合

③空间智能。

L01．我渴望从图画而不是从文字中获取讯息。

非常不符合　　不符合　　有点不符合　　符合　　非常符合

L02．色彩与图形的辨别，对我来说很容易。

非常不符合　　不符合　　有点不符合　　符合　　非常符合

L03．能辨别陌生地方的位置和方向，让我感到很满足。

非常不符合　　不符合　　有点不符合　　符合　　非常符合

L04．我渴望用图像、图片等视觉表现形式来思考和解决问题。

非常不符合　　不符合　　有点不符合　　符合　　非常符合

L05．设计一些图案或形状各异的作品，对我来说很容易。

非常不符合　　不符合　　有点不符合　　符合　　非常符合

L06．从事制图、绘画、雕刻或其他的艺术活动，让我感到很满足。

非常不符合　　不符合　　有点不符合　　符合　　非常符合

L07．我渴望利用头脑中的三维图来获取空间和位置信息。

非常不符合　　不符合　　有点不符合　　符合　　非常符合

L08．我能够很快完成制作立体模型、拼图、迷宫、积木等游戏。

非常不符合　　不符合　　有点不符合　　符合　　非常符合

L09．利用图形和图像来进行想象力创作，让我觉得很满足。

非常不符合　　不符合　　有点不符合　　符合　　非常符合

④ 身体动觉智能。

L01．我渴望从事一些需要手眼协调、身体配合方面的活动。

非常不符合　　不符合　　有点不符合　　符合　　非常符合

L02．做一些有美感的动作（例如跳舞或做体操）时，肢体动作协调、姿态优雅，对我来说很容易。

非常不符合　　不符合　　有点不符合　　符合　　非常符合

L03．保持身体平衡、协调各部分的身体动作，让我觉得很满足。

非常不符合　　不符合　　有点不符合　　符合　　非常符合

L04．我渴望变化各种不同的动作来表达同一件事或同一个想法。

非常不符合　　不符合　　有点不符合　　符合　　非常符合

L05．我可以很轻易地模仿别人的动作及言谈举止。

非常不符合　　不符合　　有点不符合　　符合　　非常符合

L06．跑、跳、摔跤等身体活动让我感到很满足。

非常不符合　　不符合　　有点不符合　　符合　　非常符合

L07．我渴望通过身体感觉（例如用手触摸）进行学习。

非常不符合　　不符合　　有点不符合　　符合　　非常符合

L08．我可以很快学好一项新的动作技能，例如骑脚踏车、游泳等。

非常不符合　　不符合　　有点不符合　　符合　　非常符合

L09．从事各种体育活动，例如跳高或打篮球，让我感到满足。

非常不符合　　不符合　　有点不符合　　符合　　非常符合

⑤ 音乐智能。

L01．我渴望每天都有音乐的陪伴。

非常不符合　　不符合　　有点不符合　　符合　　非常符合

L02．听到不同曲子，很容易产生很多联想；捕捉各种曲调所表达的意义，对我来说很容易。

非常不符合　　不符合　　有点不符合　　符合　　非常符合

L03．倾听乐曲的内涵，领略音乐的意境，让我感到很满足。

非常不符合　　不符合　　有点不符合　　符合　　非常符合

L04．我渴望自己作词、谱曲以抒发情感。

非常不符合　　不符合　　有点不符合　　符合　　非常符合

L05．区别不同的声音、音调、节奏和旋律，对我来说很容易。

非常不符合　　不符合　　有点不符合　　符合　　非常符合

L06．辨别音乐走调、弹错的音符、区分不同乐器的声音等都让我感到很满足。

非常不符合　　不符合　　有点不符合　　符合　　非常符合

L07．我渴望用不同的乐器弹奏出不同的声音。

非常不符合　　不符合　　有点不符合　　符合　　非常符合

L08．各种歌曲或乐曲的旋律，我很容易能记住。

非常不符合　　不符合　　有点不符合　　符合　　非常符合

L09．参加乐队、合唱团等让我感到很满足。

非常不符合　　不符合　　有点不符合　　符合　　非常符合

⑥人际智能。

L01．我渴望有很多的好朋友。

非常不符合　　不符合　　有点不符合　　符合　　非常符合

L02．我很容易就能和陌生人打成一片。

非常不符合　　不符合　　有点不符合　　符合　　非常符合

L03．同各种人打交道让我觉得很满足。

非常不符合　　不符合　　有点不符合　　符合　　非常符合

L04．我渴望从别人的表情中揣摩出内心想法。

非常不符合　　不符合　　有点不符合　　符合　　非常符合

L05．我很容易就能觉察出别人情绪的变化。

非常不符合　　不符合　　有点不符合　　符合　　非常符合

L06．清楚别人对我的看法，并且通过换位思考体谅、关心别人让我觉得很满足。

非常不符合　　不符合　　有点不符合　　符合　　非常符合

L07．我渴望成为团队中受人关注的对象。

非常不符合　　不符合　　有点不符合　　符合　　非常符合

L08．根据别人脸色以及具体情形变化，正确、迅速地做出恰当的反应，对我来说很容易。

非常不符合　　不符合　　有点不符合　　符合　　非常符合

L09．总是能赢得大家的喜爱，让我觉得很满足。

非常不符合　　不符合　　有点不符合　　符合　　非常符合

⑦ 内省智能。

L01．我渴望客观地评价自己，清楚地知道自己的优点或缺点。

非常不符合　　不符合　　有点不符合　　符合　　非常符合

L02．设定符合自己的目标，并努力达成这些目标，对我来说很容易。

非常不符合　　不符合　　有点不符合　　符合　　非常符合

L03．朝自己的目标努力，不需要他人的督促，让我感到很满足。

非常不符合　　不符合　　有点不符合　　符合　　非常符合

L04．我渴望从成功和失败的事件上得到经验和教训。

非常不符合　　不符合　　有点不符合　　符合　　非常符合

L05．勤于反省、勇于认错对我来说很容易。

非常不符合　　不符合　　有点不符合　　符合　　非常符合

L06．接受别人的批评，并反省自己。

非常不符合　　不符合　　有点不符合　　符合　　非常符合

L07．我渴望自己拥有自知之明及以此做出适当行为的能力。

非常不符合　　不符合　　有点不符合　　符合　　非常符合

L08．遇到挫折时，我可以很快地恢复平静。

非常不符合　　不符合　　有点不符合　　符合　　非常符合

L09．明事理、拥有自尊、懂得自律，让我感到很满足。

非常不符合　　不符合　　有点不符合　　符合　　非常符合

⑧ 自然观察智能。

L01．我渴望探索人类和自然环境（如考古、宇宙等）。

非常不符合　　不符合　　有点不符合　　符合　　非常符合

L02．我能很快熟悉生物和自然景物的名称、特征、分类方法和与其有关的资料。

非常不符合　　不符合　　有点不符合　　符合　　非常符合

L03．对自然界事物具有敏锐的感觉（例如：声音、色彩、气味、香味等），让我感到很满足。

非常不符合　　不符合　　有点不符合　　符合　　非常符合

L04．我渴望参加园艺、徒步旅行或实地考察等野外活动。

非常不符合　　不符合　　有点不符合　　符合　　非常符合

L05．养动植物对我来说很容易。

非常不符合　　不符合　　有点不符合　　符合　　非常符合

L06．参加低碳生活、植树造林等环保活动，让我觉得很满足。

非常不符合　　不符合　　有点不符合　　符合　　非常符合

L07．我渴望探索动植物的生命周期及人类产品的制造（充满了好奇心）。

非常不符合　　不符合　　有点不符合　　符合　　非常符合

L08．系统地记录所收集的标本和分门别类，对我来说很容易。

非常不符合　　不符合　　有点不符合　　符合　　非常符合

L09．用仪器来探究自然世界（例如：使用望远镜、放大镜、显微镜等）让我感到很满足。

非常不符合　　不符合　　有点不符合　　符合　　非常符合

⑨存在智能。

L01．我渴望探讨人为什么存在这类问题。

非常不符合　　不符合　　有点不符合　　符合　　非常符合

L02．思考什么是爱对我来说很容易。

非常不符合　　不符合　　有点不符合　　符合　　非常符合

L03．搜集思考和人类存在相关的问题答案让我感到很满足。

非常不符合　　不符合　　有点不符合　　符合　　非常符合

L04．我渴望弄清楚我们从哪里来，要到哪里去。

非常不符合　　不符合　　有点不符合　　符合　　非常符合

L05．我很容易理解人为什么会侵略、掠夺甚至发动战争。

非常不符合　　不符合　　有点不符合　　符合　　非常符合

L06．探寻地球之外的生命让我觉得很满足。

非常不符合　　不符合　　有点不符合　　符合　　非常符合

L07．我渴望探索生命的发生、发展和死亡。

非常不符合　　不符合　　有点不符合　　符合　　非常符合

L08．我很容易弄清楚人类出现之前地球是怎样的这类问题。

非常不符合　　不符合　　有点不符合　　符合　　非常符合

L09．查阅生命起源的信息资料让我感到很满足。

非常不符合　　不符合　　有点不符合　　符合　　非常符合

⑩ 管理领导智能。

L01．我渴望效率，讨厌拖泥带水。

非常不符合　　不符合　　有点不符合　　符合　　非常符合

L02．我不怕阻力、冲劲儿十足。

非常不符合　　不符合　　有点不符合　　符合　　非常符合

L03．从事有挑战性的活动让我觉得很满足。

非常不符合　　不符合　　有点不符合　　符合　　非常符合

L04．我渴望登上顶峰的体验。

非常不符合　　不符合　　有点不符合　　符合　　非常符合

L05．制定清晰的目标对我来说很容易。

非常不符合　　不符合　　有点不符合　　符合　　非常符合

L06．独断，追求卓越让我感到很满足。

非常不符合　　不符合　　有点不符合　　符合　　非常符合

L07．我渴望能控制自己的处境。

非常不符合　　不符合　　有点不符合　　符合　　非常符合

L08．主导事情的发展方向对我来说很容易。

非常不符合　　不符合　　有点不符合　　符合　　非常符合

L09．由我来制定规则让我感到很满足。

非常不符合　　不符合　　有点不符合　　符合　　非常符合

● 计分

对于每题的选项，根据相应选择来计算得分。计分标准为：“非常不符合”1分，“不符合”2分，“有点不符合”3分，“符合”4分，“非常符合”5分。

比如第1题你选择了“非常符合”，那么就计5分，其余以此类推。最后把每一列的计分加起来，就是这一列对应的智能总得分。每项得分越高，说明你在这方面的智能倾向就越明显。

将10种智能得分进行排序，取排序在前3~5项的那几种智能，即为我们的优势智能。我们可以根据这几项优势智能，来发展我们的独特长板。

附：计分表

题号	十大智能得分									
	语言	逻辑数学	空间	身体动觉	音乐	人际	内省	自然观察	存在	管理领导
L01										
L02										
L03										
L04										
L05										
L06										
L07										
L08										
L09										
合计										

●结果说明

十大智能与工作技能及其代表性职业

十大智能	工作技能	代表性职业	得分	排序
语言智能	与人交谈、叙述、通知、教导、写作、用言辞表达、说某种外语、口译、比译、教学、讲课、讨论、研究、倾听、抄录、校对、编辑、计算机文字处理、归档、报告	图书馆员、档案保管员、博物馆或艺术馆之馆长、编辑、翻译者、语言校正专家、作家、广播员、新闻记者、法律助理、律师、秘书、打字员，校对员、语文教师		
逻辑数学智能	理财、预算、经济研究、推理、估算、会计、数算、计算、统计、审计、推测、分析、组合、归类、顺序	查账员、会计员、采购员、保险业者、数学家、科学家、统计学家、保险理赔员、计算机分析师、经济学家、技师、簿记员、自然科学教师		
空间智能	画图、彩绘、想象、图书制作、设计、创意、发明、图解、着色、绘制、工程图、制表、制图、摄影、装饰、影片制作	工程师、测量员、建筑师、都市设计师、美工设计师、室内设计师、摄影师、美术教师、发明家、绘图员、飞机驾驶员、艺术家、雕刻家。		
身体动觉智能	分类、平衡、抬举、提取、行走、跑步、手工艺制作、修复、清理、运送、交递、制造、修理、组合、安装、操作、整理、打捞抢救、表演、唱歌、模仿滑稽动作、戏剧表演、服装展示、跳舞、运动、筹组户外活动、旅行	复建物理治疗师、康乐活动辅导、舞者、演员、模特儿、农夫、技工、木匠、手工艺品制作者、体育教师、工人、编舞者、职业运动员、森林管理者、珠宝商		
音乐智能	唱歌、弹奏乐器、录音、指挥、即兴创作、作曲、抄谱、编曲、听曲、辨别（音质）、调音、编写管弦乐、音乐赏析、评论（音乐风格）	音乐节目主持人、音乐家、乐器制作者、钢琴调音者、音乐心理治疗师、乐器销售员、作曲家、录音工程师、合唱团长、指挥、歌手、音乐教师、抄谱员		

十大智能	工作技能	代表性职业	得分	排序
人际智能	服务、接待、沟通、认同、交易、个别辅导、生活教练、心理咨询、顾问、评核他人、说服、激发动机、推销、激励、授权、谈判、仲裁、合作、抗争、洽谈	行政主管、经理、校长、人事行政人员、仲裁者、社会学家、人类学家、心理辅导员、心理学家、护士、公关人员、推销员、旅行业者、社会工作者		
内省智能	执行决策、单独工作、自我提升、设定目标、达成目标、自动自发、评定、估算、规划、组织、明察待机、自省、自知	心理学家、教士、心理学教师、心理治疗师、心理辅导人员、神学家、方案规划人员、企业家		
自然观察智能	标本制作、种苗培育	生物学家、动植物学家、农业研究人员、天文学家、生态学家、园艺家、工艺家、海洋学家		
存在智能	陈述、思考、探索、搜集、查阅	哲学家、天文学家、神学家		
管理领导智能	制定、坚持、设定目标，冒险，快速行动	领导者、企业家、管理者、创业者		

言语/语言智能指的是人对语言的掌握和灵活运用的能力，表现为个人能顺利而有效地利用语言描述事件、表达思想并与他人交流。诗人拥有真正的语言智力，演说家、律师等则是语言智力高的人。

逻辑数学智能指的是对逻辑结构关系的理解、推理、思维表达能力，主要表现为个人对事物间各种关系如类比、对比、因果和逻辑等关系的敏感以及通过数理进行运算和逻辑推理等。科学家、数学家或逻辑学家就是这类智力高的人。

空间智能指的是对色彩、形状、空间位置等要素的准确感受和表达的能力，表现为个人对线条、形状、结构、色彩和空间关系的敏感以及通过图形将它们表现出来的能力。工程师、航海家、水手、外科医生、雕塑家、建筑设计师、画家等是具有高度发达的空间智能的例子。

身体动觉智能指的是人的身体的协调、平衡能力和运动的力量、速度、灵活性等，表现为用身体表达思想、情感的能力和动手的能力，最典型的例子就是从事体操或表演艺术的人。

音乐智能指的是个人感受、辨别、记忆、表达音乐的能力，表现为个人对节奏、音调、音色和旋律的敏感以及通过作曲、演奏、歌唱等形式来表达自己的思想或情感。音乐智能在作曲家、歌唱家、演奏家等人身上表现得特别明显。

人际智能指的是对他人的表情、说话、手势动作的敏感程度以及对此做出有效反应的能力，表现为个人觉察、体验他人的情绪、情感并作出适当的反应。对于教师、临床医生、推销员或政治家来说，这种智能尤为重要。

内省智能指的是个体认识、洞察和反省自身的能力，表现为个人能较好地意识和评价自己的动机、情绪、个性等，并且有意识地运用这些信息去调适自己生活的能力。这种智能在哲学家、小说家、律师等人身上有比较突出的表现。

自然观察智能指的是人们辨别生物（植物和动物）以及对自然世界（云朵、石头等形状）的其他特征敏感的能力。这种智能在过去人类进化过程中显然是很有价值的，如狩猎、采集和种植等，同时这种智能在植物学家和厨师身上有重要的体现。

存在智能指的是陈述、思考有关生与死、身体与心理世界的最终命运等的倾向性，如人为何要到地球上来，在人类出现之前地球是怎样的，在另外的星球上生命是怎样的，以及动物之间是否能相互理解等。哲学家、天文学家在这方面表现得尤为突出。

管理领导智能指的是喜欢权利和控制周围的环境，对权利有一定的欲望，有进取心，不达目标誓不罢休，追求高效率，有事业心。

本篇小结

★通过以上分析，完成自我认知与评价

<table>
<tr><td rowspan="18">自我探索与长板原理</td><td rowspan="10">自我探索</td><td rowspan="6">探索自我的维度</td><td rowspan="3">维度1</td><td>生理自我</td><td></td></tr>
<tr><td>社会自我</td><td></td></tr>
<tr><td>心理自我</td><td></td></tr>
<tr><td rowspan="3">维度2</td><td>现实自我</td><td></td></tr>
<tr><td>投射自我</td><td></td></tr>
<tr><td>理想自我</td><td></td></tr>
<tr><td colspan="2" rowspan="4">探索自我的内容</td><td>兴趣</td><td></td></tr>
<tr><td>能力</td><td></td></tr>
<tr><td>价值观</td><td></td></tr>
<tr><td>性格</td><td></td></tr>
<tr><td colspan="3" rowspan="3">长板原理</td><td>什么是长板原理</td><td></td></tr>
<tr><td>显示出来的长板</td><td></td></tr>
<tr><td>隐藏的天赋才能</td><td></td></tr>
<tr><td rowspan="5">探索自我和长板的方法</td><td rowspan="5">内省法</td><td colspan="2">我是什么样的人?</td><td></td></tr>
<tr><td rowspan="4">我的五个优点</td><td>我自己眼中</td><td></td></tr>
<tr><td>同学心目中</td><td></td></tr>
<tr><td>朋友心目中</td><td></td></tr>
<tr><td>家人心目中</td><td></td></tr>
</table>

<table>
<tr><td rowspan="13">自我探索与长板原理</td><td rowspan="13">探索自我和长板的方法</td><td rowspan="4">去伪法</td><td>哪些事
我做得又快又好？</td><td></td></tr>
<tr><td>别人夸奖我最多的事是什么？</td><td></td></tr>
<tr><td>哪些事让我废寝忘食？</td><td></td></tr>
<tr><td>我最不能接受自己哪方面的退步？</td><td></td></tr>
<tr><td rowspan="3">认出和记住法</td><td>成就事件1</td><td></td></tr>
<tr><td>成就事件2</td><td></td></tr>
<tr><td>成就事件3</td><td></td></tr>
<tr><td>价值观探索</td><td colspan="2"></td></tr>
<tr><td rowspan="2">社会比较法</td><td>与自己的纵向比较</td><td></td></tr>
<tr><td>横向比较：确定合理的参照体系和立足点</td><td></td></tr>
<tr><td rowspan="2">他人评价法</td><td>他人的评价中稳定的评价</td><td></td></tr>
<tr><td>自我的认识和调整</td><td></td></tr>
<tr><td>如何避免巴纳姆效应</td><td colspan="2"></td></tr>
</table>

<table>
<tr><td rowspan="9">自我探索与长板原理</td><td rowspan="8">探索自我和长板的方法</td><td rowspan="8">心理测评法</td><td rowspan="2">自我形象测试</td><td>测试结果</td><td></td></tr>
<tr><td>自我的认识和反馈</td><td></td></tr>
<tr><td rowspan="2">悲观、乐观测试</td><td>测试结果</td><td></td></tr>
<tr><td>自我的认识和反馈</td><td></td></tr>
<tr><td rowspan="2">激励因子测试</td><td>测试结果</td><td></td></tr>
<tr><td>自我的认识和反馈</td><td></td></tr>
<tr><td rowspan="2">长板测试</td><td>测试结果</td><td></td></tr>
<tr><td>自我的认识和反馈</td><td></td></tr>
<tr><td colspan="3">综合以上方法，自我的认识和反馈</td><td colspan="2"></td></tr>
</table>

第三篇

未来世界和职业新思维

所有的教育，
都是为了人的未来做准备

一、现在：传统行业在剧变

今天，我们正身处历史变革的洪流中，云计算、物联网、大数据、人工智能等新兴科技与机械、物理、化学和生物等传统学科不断融合突破，物理世界、数字世界、生物世界相互渗透，科技创新以革命性方式对传统产业产生巨大冲击，人类社会开始发生翻天覆地的变化。

每一次技术革命，都必然带来一些传统产业的衰退和消亡，以及新兴产业的崛起。第一次工业革命以蒸汽机为代表，产生了棉纺织业、采矿业等产业，社会开始进入工业化；第二次工业革命以发电机为代表，电力工业、汽车制造业等产业开始发展；第三次工业革命以计算机为代表，电子工业、信息产业和服务业加速上升；而我们正在经历的第四次工业革命，则以机器人为代表，传统行业被解构，新经济、新业态、新技术、新制造、新能源正在源源不断地诞生。

以前的历次工业革命带来的是产业的转型升级，机械代替手工，工厂代替作坊，总体提高了生产效率，但产业并没有明显的消亡，而此次的工业4.0革命对行业的影响却是不可估量的，很多行业都将面临消亡的威胁。比如曾经风光无限的连锁商业超市业态，在传统经济模式转型以及新型商业业态的叠加影响下，正在进入微利时代。沃尔玛、苏宁、家乐福等多家零售巨头关店，部分零售商靠地产和集团财力勉强过冬。近年来强势爆发的电子商务企业，对零售商业企业的传统经营方式带来了强烈的冲击，尤其是对商场规模大、商品种类多、物流开支大、人员成本高的大型连锁超市来说，销售增长的空间大幅缩减，利润也开始下滑。马云说：“沃尔玛带来了B2C。今天倒过来了，互联网带来了C2B，这个时代刚刚开始。”

电子商务的发展强势改变了传统零售业，而互联网金融的出现也极大地改变了传统的银行业和金融业。现在人们出门可以不携带现金，只需拿出手机“扫一扫”甚至是使用“人脸识别”即可付款交易；转账、理财等金融服务不用再去银行，通过手机APP即可轻松完成。2003年至2018年，支付宝年内活跃用户已超过7亿，其中70%的用户使用3项及以上支付宝服务。

当然，这两个仅仅是新时代传统行业剧变的缩影。技术革命引发产业革命，产业革命引发人才市场变化和需求。

在我国，我们按照职业和经济产业对行业进行分类。劳动和社会保障部、国家质量监督检验检疫总局、国家统计局依据《中华人民共和国劳动法》，联合组织编制的《中华人民共和国职业分类大典》，将我国的职业归为8个大类，66个中类，413个小类，1838个细类（职业），以下列出大类供参考。

我国的职业归类

第一大类：国家机关、党群组织、企业、事业单位负责人，其中包括5个中类，16个小类，25个细类，例如：中国共产主义青年团负责人、工会负责人、妇女联合会负责人等。

第二大类：专业技术人员，其中包括14个中类，115个小类，379个细类，例如：哲学研究人员、采矿工程技术人员、精算师、会计人员、书法家、记者等。

第三大类：办事人员和有关人员，其中包括4个中类，12个小类，45个细类，例如：秘书、打字员、收发员等。

第四大类：商业、服务业人员，其中包括8个中类，43个小类，147个细类，例如：摊商、采购员、收银员等。

第五大类：农、林、牧、渔、水利业生产人员，其中包括6个中类，30个小类，121个细类，例如：护林员、家禽饲养工、水产捕捞工等。

第六大类：生产、运输设备操作人员及有关人员，其中包括27个中类，195个小类，1119个细类，例如：钻井工、采油工等。

第七大类：军人，其中包括1个中类，1个小类，1个细类。

第八大类：不便分类的其他从业人员，其中包括1个种类，1个小类，1个细类。

《中华人民共和国职业分类大典》的分类，清晰全面客观地反映了我国的社会职业结构，你可以从中找到几乎所有你接触过、听说过的职业门类。但是，随着工业智能化的发展，传统的诸如电影放映员、BP机寻呼员、补锅匠等职业已经或者正在消失，一批尚未涵盖在《中华人民共和国职业分类大典》中或者已收录但最近几年从业方式与职业内涵发生显著变化的新兴的职业孕育而生，如STEM创客指导师、电子竞技教练等。

★思考：

请认真阅读《中华人民共和国职业分类大典》和四川大学锦城学院编写的《大学生就业岗位调查报告》，调查收录的职业哪些正在或者即将消失？哪些你听说过、接触过的职业未被收录？

除了商业模式受到冲击导致的传统行业变化以外，机器人、人工智能的发展更使我们“举步维艰”。

2015年2月7日，手术机器人“达·芬奇”在武汉协和医院完成了湖北省首例机器人胆囊切除术。与传统手术相比，达芬奇机器人手术有三个明显优势：突破了人眼的局限，使手术视野放大20倍；突破人手的局限，7个维度操作，还可以防止人手可能出现的抖动现象；无须开腹，创口仅1厘米，出血少、恢复快，术后存活率和康复率大大提高。

2015年9月，一篇名为“8月CPI涨2%创12个月新高”的文章占领各大头条，作者是大有来头的自动化新闻写作机器人；2016年，今日头条研发的AI写稿机器人在里约奥运会上实时撰写新闻稿件；2017年初，南方都市报的“小南”机器人写出的稿件令媒体人无法分辨机器写稿痕迹。

2016年3月，德勤会计师事务所与Kira Systems联手，正式将人工智能引入财务工作中，使财务管理迈入了一个全新的时代。“小勤人”（德勤机器人的昵称）几分钟就能完成财务人员几十分钟才能完成的基础工作，而且可以7天*24小时不间断工作。

2017年7月，阿里巴巴旗下的“无人零售店”在杭州亮相。在无人零售店内，顾客能够完成自助扫码进场、自助收费等零售步骤。支持无人零售场景的是一种名为RFID的标签技术，它利用射频识别技术，无须直接接触、激光扫描、人工干预即可完成无人零售服务。

……

今天的人工智能已经发展到可以分析股票，可以撰写文章，可以控制家用电器，可以在围棋比赛中击败最厉害的人类大师，等等。《未来简史》作者尤瓦尔赫拉利直接豪言：“人类将会分化出智神”，“在20到30年之间超过50%的工作机会被人工智能取代”。现在的你是否感受到未来时代对你的冲击？

关于未来商业模式的大胆思考[1]

如今世界的变化日新月异，甚至可以移步换景。但是万变不离其宗，当你开始关注变化的本质而不是变换的结果，你就会越来越深刻地体会到其中的那股规律波。

1. 未来产业分为三种：一维的传统产业——二维的互联网产业——三维的智能科技产业。一维世界正在推倒重建，二维世界被划分完毕（BAT掌控），三维世界正在形成，高维挑战低维总有优势。所以网店可以冲散实体店，而微信的对手一定在智能领域诞生。因此，真正的好戏还在后头！

1　文章内容来自连锁内参君，《关于中国未来商业模式的30个大胆思考》

2. 当下的企业分为三个等级：三等企业做服务——二等企业做产品——一等企业做平台。今后企业的出路唯有升级成平台，平台化的本质就是给创造者提供创造价值的机会！

3. 互联网进化论：PC互联网——移动互联网——物联网，PC互联网解决了信息对称，移动互联网解决了效率对接，未来的物联网需要解决万物互联：数据自由共享、价值按需分配。“互联网+”的本质就是搭建一个底层建筑，使上面的每一个人都可以迅速找到目标。无论是找客户、找恋人还是找伙伴。

4. 电子商务进化论：B2B——B2C——C2C——C2B——C2F，从商家对商家、到商家对个人、个人对个人、个人对商家，最终是个人对工厂。未来每一件产品，在生产之前就知道它的顾客是谁，个性化时代到来，乃至跨国生产和定制。

5. 电子商务正在改变城市格局。“北上广深”正在变成“北上深杭”。传统贸易的衰落将广州拉下马，跨境电商的兴起将杭州扶上位，未来中国的城市格局应该是“北京的权力调控+上海的金融运作+深圳的智能科技+杭州的电子商务”。

6. 产业链的流向正在逆袭。以前是先生产再消费：生产者——经销商——消费者。未来一定是先消费再生产：消费者——设计者——生产者。因此，传统经销商这个群体将消失，而能够根据消费者想法转化成产品的设计师将大量出现。

7. 广告业态的进化论：媒介为王——技术为王——内容为王——产品为王。传统广告总是依靠媒介的力量去影响人，比如央视的招投标。后来的互联网广告开始依靠技术实现精准投放，比如按区域、按收入、按时段投放。再后来，社交媒体的崛起使好的广告能自发传播，而未来最好的广告一定是产品本身，最好的产品也一定具备广告效应。

8. 商业角逐的核心先后经历了：地段——流量——粉丝三个阶段，房地产经营的就是地段，传统互联网经营的就是流量，自媒体经营的是粉丝。而未来是“影响力”和“号召力”之争，“核心粉丝”的瞬间联动是未来商业的“引力波”。

9. 媒体的进化论：传统媒体——新媒体——自媒体——信息流。媒体正在由集中走向发散，由统一走向制衡。自媒体的兴起将产生两大结果，第一激起了很多人的创作热情，文字作为人的一种基本属性终于被找回，感性的一面被激发，可以滋润这个越来越机械化的世界。第二，中国的话语权开始裂变，普通民众迫切要求参与公共事务的决策，比如春晚到底该邀请谁。而未来人人都是一个自媒体，信息流的产生将让媒体消亡。

10. 传统的木桶原理不再成立。以前我们总在弥补自己的短板，因为你的短板限制了你的综合水平；今后我们将不断延展自己的长处，因为你的长处决定了你的水平。你只需要将自己擅长的一方面发挥到极致，就会有其他人跟你协作，这叫长板原理。

11. 社会的传统关系网被不断撕裂，以价值分配为规划的新的链接正在形成，每个人都是一个节点，进行价值传输。新的社会架构讲究的是“规则”而不是“关系”。而你所处的地位和层级，是由你所带来的价值决定的。

12. 人正在由外求变成内求。外求即求关系、求渠道、求资源、求人脉、求机会，内求即坦诚面对自己内心最真实的一面，激发起兴趣、热情、希望、理想。当你做好了你自己，外界的东西就会被你吸引过来，这就是所谓的求人不如求己。

13. 对于未来每个人来说，有一个东西会变的很重要，那就是信用。行为——信用——能力——人格——财富。在大数据的帮助下，你的行为推导出了你的信用值，然后以信用度为支点、能力为杠杆、人格为动力，联合撬动的力量范围，就是你所掌控的世界的大小。

14. 传统社会的总财富是这样创造出来的：人们依托固定公司，在固定时间、固定地点重复固定的劳动，属于被动式劳动。未来社会的总财富是这样创造出来的：人们依靠自身特长，点对点的对接和完成每一个需求，充分融入社会每一个环节，属于主动式创造。因此整个社会财富将实现裂变式增长。

15. 99%的公司和集体都将消失，各种垂直的平台将诞生，大量自由职业兴起，社会的组织结构从“公司+员工”，变成“平台+个人”。每个人都将冲破传统枷锁的束缚，获得重生的机会，关键就看你是否激发了自身潜在的能量。这才是一场真正解放运动！

16. 未来每一个人都是一个独立的经济体，既可以独立完成某项任务，也可以依靠协作和组织去执行系统性工程。所以社会既不缺乏细枝末节的耕耘者，也不缺少具备执行浩瀚工程的组织和团队。

17. 未来如何拥有自己的产品？逻辑应该是这样的：创意——表达——展示——订单——生产——客户。当你有一个想法时，你可以先表达出来，然后在平台上进行展示（这样的平台会越来越多），然后吸引喜欢的人去下单，拿到订单后可以找工厂生产（不用担心量太少，今后的生产一定会精细化和定制化），然后再送到消费者手里。

18. 今后将无工可打。打工的本质是定价出卖自己的劳动力，并不承担结果。随着雇佣时代的结束，你必须主动思考和去解决问题，并竭力发挥自己的特长，为社会和他人创造价值，否则你就没有存在的价值。人的工作方式正在从“谋生”到“创造”升级。

19. 今后将无生意可做。传统社会之所以有生意可做，是因为信息的不对称使社会的“供给”和“需求”始终是错位的，这就需要商人的商业行为去对接他们并从中谋利。而互联网搭建起的商业基础会越来越完善，今后两者可以随时精准连接。所有的中间环节都没有了，赚差价的逻辑也就不存在了。“经商”一词需要再定义，温州人的那一套思维彻底落伍了。

20. 商业未来十年内的主题都将离不开“跨界互联”，以“互联网+”为基础，不同行业之间互相渗透、兼并、联合，从而构成商业新的上层建筑。这就是《跨界战争》一书所描写的内容。不同业态互相制衡，最终达到一种平衡的状态，从而形成新的商业生态系统。

21. 未来社会的完善，离不开一批有“匠心”的人：也就是那些脚踏实地的人。比如工匠、程序员、设计师、编剧、作家、艺术家等，因为互联网已经把社会的框架搭建完成，剩下的就是灵魂填充！所以即便是普通的工作岗位，他们的社会地位也将获得提升、获得尊重。

22. 未来只有三种角色，自下而上依次是：价值提供者——价值整合者——价值放大者。价值提供者是依靠个体劳动创造直接财富，比如：司机、医生、律师等，影响力大了可以靠名声创造财富，比如明星、作家、大导演、名主持人等。价值整合者是依靠配置社会资源间接创造财富，主要指的是企业家和各种组织的领导者，他们促进社会资源向最需要的地方流动。价值放大者是依靠平台或财富的力量去撬动企业和项目的成长，他们往往是大平台的拥有者或财团掌控者，比如马云、马化腾、李彦宏、巴菲特、孙正义等，他们促使社会财富呈爆发式增长。三个阶层不是固化的，而是可以流动的。

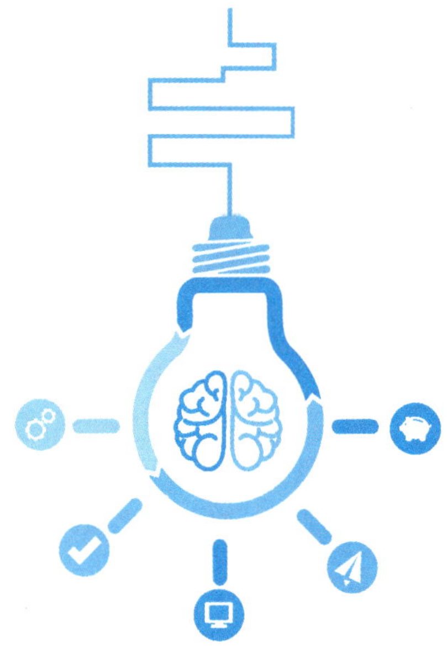

二、革命：人工智能颠覆你的人生

未来20年，信息时代很多重要的工作将会极大程度地被人工智能所替代。2019年全球机器人市场规模预计将达到294.1亿美元，其中工业机器人159.2亿美元，服务机器人94.6亿美元，特种机器人40.3亿美元。2014—2019年全球机器人市场的平均增长率约为12.3%。与以往的几次技术进步相比，人工智能显然更具有破坏性。

（一）神奇的人工智能

人工智能是研究开发用于模拟、延伸和扩展人的智能的理论、方法、技术及应用系统的一门技术科学，它是计算机科学的分支，研究内容包括机器人、语言识别、图像识别、自然语言处理等。人类关于人工智能（AI）的萌芽始于20世纪50年代，这一时期最具代表性的贡献是阿兰·图灵于1950年发表的论著，他详细介绍了图灵测试、机器学习、基因算法、强化学习等概念，奠定了人工智能发展的基础。1956年，人工智能的概念首次在达特茅斯会议上被提出，历经近几十年的迅速发展，它在很多领域都获得了广泛应用，取得了丰硕的成果。美国麻省理工学院的温斯顿教授认为，“人工智能就是研究如何使计算机去做过去只有人才能做的智能工作”。美国斯坦福大学的尼尔逊教授定义人工智能是“关于知识的学科——怎样表示知识以及怎样获得知识并使用知识的学科”。

全球人工智能领域已逐步建立起初步的产业链条，包括底层基础支撑、核心技术创新、上层行业应用。其中，基础支撑包括数据、基础算法、智能硬件（如芯片、传感器）等；核心技术中包含典型的机器学习、计算机视觉技术、智能语音技术、深度学习技术、自然语言处理等；上层行业应用则涉及人工智能在各行各业中的应用。伴随着技术的创新和行业应用的拓宽，人工智能领域核心技术的知识产权布局已经悄然发力，节节攀升。

人工智能的发展

时期	年份	事件
推理期：将逻辑推理能力赋予计算机系统	1942	美国科幻巨匠西莫夫提出“机器人三定律”
	1956	达特茅斯会议诞生了人工智能学科
	1963	自动定律证明系统完成教学原理第二章的证明
	1968	DENDRAL世界上第一例成功的专家系统诞生
知识期：总结人类知识教授给计算机系统	1970	早期的系统适用于更宽的问题选择和更难的问题时效果不理想，美国、英国相继缩减经费支持
	1984	莱斯利提出了概率近似正确模型
	1992	第五代计算机、人工智能计算机由于路线显示背离计算机工业的反响，项目宣告失败
机器学习期：计算机从数据中学习算法、深度学习在语言、图像领域大获成功	2006	Hinton发表深度学习Nature文章
	2012	CNN超第二名十个百分点夺冠ImageNet
	2014	香港中文实验室DeepID算法首次超过人眼识别人脸率
	2016	AlphaGo战胜人类顶尖围棋选手

图片来源：2019中国人工智能产业知识产权白皮书

中国人工智能产业的发展环境[1]

全球范围内越来越多的政府和企业组织逐渐认识到人工智能在经济和战略上的重要性，并从国家战略和商业活动上涉足人工智能。我国人工智能发展环境具备较多利好因素，政策和资金的支持、市场和人才供给、技术的积累和突破已为人工智能的发展提供了基础条件，多方条件和资源相辅鼎力，人工智能大跨步向前迈进，万亿市场一触即发。

◆政治环境

自2015年5月发布《中国制造2025》、提出发展智能制造以来，

1 2019中国人工智能产业知识产权白皮书

我国政府进一步高度重视人工智能的技术进步与产业发展，《新一代人工智能发展规划》提出“到2030年，使中国成为世界主要人工智能创新中心”。近年来，我国在人工智能领域密集出台相关政策，更在2017、2018以及2019年连续三年的政府工作报告中提到人工智能，可以看出在世界主要大国纷纷在人工智能领域出台国家战略，抢占人工智能时代制高点的环境下，中国政府把人工智能上升到国家战略的决心。截至2018年11月，全国已有15个省市发布人工智能规划，其中12个制定了具体的产业规模发展目标。通过一系列政策与资金扶持，各省市不断强化当地人工智能的技术研发与应用，为人工智能产业提供了广阔发展机遇和前景。

◆经济环境

2018年中国经济外部受中美贸易战持续升级影响，经济下行压力增大，制造业景气度持续降低到50临界点，在陷入寒冬的背景下，我国经济依旧持续健康发展，人工智能产业热度更是不断提升。自2015年开始，中国人工智能市场规模逐年攀升，据赛迪顾问人工智能产业研究中心统计，截止到2018年中国人工智能产业市场规模继续保持稳定增长，整体市场规模达到383.8亿元，同比增长27.6%。德勤中国发布的《中国人工智能产业白皮书》报告中推算，到2020年，世界人工智能市场将达到6800亿元人民币，2015到2020年间，复合年均增长率达26.2%；在中国，人工智能市场规模将达到710亿元人民币，复合年均增长率为44.5%。大好的市场前景使得大量资本涌入人工智能领域，中国已成为全球人工智能投资/融资规模最大的国家。目前，我国人工智能全产业链初步形成，产业链各层级向深度融合发展，融合应用水平大幅拓展，智能经济形态雏形初现，从消费到生产、实体经济数字化、网络化、智能化转型升级步伐加快。大量资本的涌入、商业场景的支撑、产业链各层级的深度融合，使得人工智能真正进入了增长的黄金期。

◆社会环境

2018年末中国大陆总人口达139 538万人，比上年末增加530万人，而居民消费价格指数比上年上涨2.1%。国家对人才教育投入力度加大，截止到2017年12月，全国共有71所高校围绕人工智能领域设置了86个二级学科或交叉学科，2019年国家财政性教育经费占国内生产总值比例继续保持在4%以上，中央财政教育支出安排超过1万亿元。在2018年4月，教育部印发《高等学校人工智能创新行动计划》，提出优化高校人工智能领域科技创新体系，引领新一代人工智能发展的人才高地，为我国跻身创新型国家前列提供科技支撑和人才保障。

◆技术环境

从专利申请量历年变化趋势来看，截止到2018年5月，人工智能领域专利经历了1980年之前的萌芽期、1981—2000年的缓慢发展期、2001—2010年的平稳发展期，以及2011年以来的快速发展期四个阶段。值得注意的是，在2017年人工智能关键技术领域的专利申请量更是突破20 000件，同比增长25.4%，2018年持续保持增长趋势。在2017年国务院发布的《新一代人工智能发展规划》中预计，到2025年人工智能基础理论实现重大突破，部分技术和应用达到世界先进水平，核心技术规模超过4000亿元。人工智能赋能产业是一个从量变到质变的过程，当前我国人工智能产业尚未形成有影响力的生态圈和产业链，这就需要行业参与者积极做好关键环节的布局，发挥好各自的优势，搭建起人工智能产业生态；在核心能力创新方面，加强机器学习核心算法、人工智能芯、类脑智能、量子智能等前沿技术成为首要任务，提高人工智能产业在全球的核心竞争力，加强关键领域自主知识产权的布局。

（二）人工智能的挑战

人工智能不是人的智能，但是它可以对人的意识、思维信息过程进行模拟，能像人那样思考，也可能在某方面超过人的智能。未来，结合具体行业应用的专用人工智能将会大量涌现，职业结构必然会有所改变，社会将可能建立起全新的秩序规则。

1. 重复性工作将会被人工智能替代

就像前面提到的案例那样，越来越多的行业开始使用机器人，特别是在简单的流水线工作领域，机器人技术高、速度快、精确度极为可靠。在重复性程序化的工作中，人不可能比机器人更具生产力，那么那些受教育程度低、只能从事相对简单的手工劳动来维持生计的工人们，就业的机会将不复存在。2016年，美国25～55岁的男性中，大约有12%的人失业时间超过12个月，这些人被美国劳动统计局归类为“长期失业者”，这是永久失业的前期状态。

2. 有偿低端劳动被几乎免费的人工智能替代

大规模的自动化基本上趋近于免费的劳动力，这对雇主和消费者是个好消息，但是对劳动者显然不利。例如，汽车制造商雇佣一个工人的成本是25元一小时，但是用一个机器人付出的成本只需5元，并且随着使用周期的增加，自动化的成本持续下降，成本差异会越来越大，机器人最终几近免费。因此会有越来越多的企业家和雇主为了降低生产成本、减少有偿人工劳动力而加大人工智能自动化的部署。

3. 中层管理者将被淘汰

人工智能时代，大数据将彻底改变社会的各个领域，信息搜集能力、各种算法被开发得无穷无尽，各种办公分析软件应运而生。中层管理者的工作职业虽然复杂，但却日复一日、极其常规，一旦企业软件收集到足够多的数据，并且软件系统能够互相关联并操作，那么这些高收入的中层管理者就会被逐渐淘汰，这也能帮助雇主降低人工成本、产生巨额利润。

4. 专业工作者也正面临威胁

随着技术的不断升级，人类将人工智能用到了更多改善人类生活质量的领域，例如用于临床医疗、护理和教学的医用机器人，它们可以进行精确的病灶诊断和外科手术，能够准确无误的分发所需药品，检查病人体温，清理病房等。伦敦皇家学院医生贾斯廷·韦尔认为，“如今，机器人已经成为日常医疗工作的组成部分，随着机器人的价格越来越低、体型越来越小，它们定会成为常规医疗手段。”医生、护士这些在过去看来专业性极强的高端知识体系行业，也正在面临前所未有的威胁。

AI+机器人：在医疗、零售、制造业的加速落地[1]

我们参加了本月在深圳举办的2019 CCF-GAIR AI+机器人峰会。在会议上，我们看到AI人工智能+机器人取得的一定阶段性成果，并在医疗、商业零售、工业制造、智慧交通、消费及娱乐等应用场景方面加速落地。

◆AI/5G+医疗机器人：在医疗诊断、外科手术和肢体康复中需求强烈。

我们看到AI+医疗机器人在医疗诊断、外科手术和肢体康复中存在较大需求，包括胃镜胶囊机器人、医学持物臂式机器人、手术导航机器人、外骨骼康复机器人等各种应用，它们可以帮助医生和患者解决医疗中的实际问题和疑难杂症。AI机器视觉的应用，可以帮助医生进行影像诊断；AI算法的应用，可以优化外骨骼机器人的功能；5G+AI机器人则将帮助医生开展远程医疗甚至远程手术治疗。随着中国逐渐进入老龄化社会，我们认为，AI/5G+医疗机器人的需求将会逐渐增大。

目前广泛采用的手术机器人包括持物臂式机器人、导航机器人和主从式机器人。

（1）持物臂式机器人主要在手术时帮助医生完成举托盘、清洗

1　内容源自：中金公司，《AI+机器人：在医疗、零售、制造业的加速落地》

等工作。

（2）导航机器人为外科医生规划手术路径、在手术中进行提示。

手术导航机器人可以根据机器视觉智能识别人体器官和手术器械，根据手术前的规划为外科医生进行手术中的指导，以降低手术难度、提高手术质量，还可以辅助新医生进行培训。

手术导航目前分为光学导航和电磁导航两种。光学导航精度高、不受其他设备的电磁干扰，但容易被遮挡光路。电磁导航操作灵活、体位要求低，但会受到电磁干扰。光学导航主要应用在神经外科、脊柱外科、关节外科、颌面外科中；电磁导航主要应用在颅内活检、置管、支气管镜检查等方面。

（3）主从机器人为外科医生远程手术、离台手术提供技术支持。

外科医生一天需要进行多台手术，对外科医生的体力、脑力、集中力都提出了很高的要求。达·芬奇机器人手术系统，就是一种主从式机器人系统，可以帮助医生在未来实现离台手术甚至远程手术，让医生可以坐着手术，减少因为疲劳、失神造成的医疗事故。但目前，达·芬奇机器人手术相比传统的腹腔镜手术仍存在一些缺点，还需要等待技术的继续成熟。

◆AI+制造业机器人：机器人帮助人类提升效率，AI 解决行业痛点。

日本东北大学的机器人教授Kazuhiro Kosuge重点介绍了机器人PaDY。在人口老龄化加剧的今天，机器人帮助人类提升效率已成为重要的议题。PaDY是一个帮助汽修工人传递工具的协作机器人（Co-robot）。在一些工厂组装环节中，以目前的技术手段无法达到完全的自动化，还需要一位操作人员完成一些手工任务。PaDY机器人可以通过机械臂传递给操作人员必要的零件，从而提高工作效率。在实际的工作中，人类运动的随机性给机器人的运动带来难度，而机器人通过AI深度学习算法，可以动态学习人类的行走路径和操作流程，以便更好地规划自身运动路径和时机，提升准确性。在人类操作员偏离运动轨迹时，PaDY还可以发出信号提醒操作者可能进行了错误的流程，以此来减少犯错的机会。

◆AI+商业零售机器人：人力成本上升趋势下的商业最优解。

擎朗机器人与海底捞合作生产了送菜机器人，而且这款送菜机器人已经在深圳的一些海底捞门店进行了一段时间的使用。根据公司测算，从目前的效率来看，海底捞采用送菜机器人的成本已经低于在一二线城市雇佣一位人类员工的成本开销。随着人力成本的上升，加之新一代年轻人不再愿意从事无意义的劳动，在此背景下，AI+商业零售机器人拥有较大的市场需求，前景广阔。

★思考：

你心仪的工作行业、职业和岗位，哪些方面会受到人工智能影响？

（三）人工智能时代的机遇与馈赠

人工智能是引领未来的战略性高科技，作为新一轮产业变革的核心驱动力，它将会引发经济结构重大变革，深刻改变人类生产生活方式和思维模式，实现社会生产力的整体跃升，衍生出人类社会发展的重大机遇。

1. 人工智能促进生产力发展

以往的社会发展经验告诉我们，每一次新技术的出现和变革都会促进生产力的发展和社会的进步，人工智能也必将对未来社会和人类发展产生深远影响。未来更多的传统产业将会进入智能化生产阶段，劳动生产率大幅度提高，智能网络的建立使全球化程度加深，全球资源共享成为可能，资源利用效率大大提高。

2. 人工智能创造新的工作机会

虽然随着人工智能的发展，数以万计的职业岗位都会消亡，但是在传统产业与人工智能技术相融合的过程中，又会出现新的更加高端的就业平台和机会。普华永道英国分公司首席经济学家约翰·霍克斯沃思建立的经济模型显示，到2037年，全球可能会有大约2亿个就业岗位被取代，与此同时，人工智能将创造近3亿个新的就业岗位。在未来，人工智能与传统行业的互动交叉，线上线下结合的工作方式，在图像识别、语音识别、行为分析等模式上全方位的整合，创造出诸如AI+安防、AI+医疗、AI+金融、AI+零售、AI+教育、AI+家居、AI+农业、AI+制造、AI+网络安全、AI+人力资源、AI+知识产权、智能驾驶、智能机器人等新的学科与行业，这些将给人类带来新的发展平台和工作机会。

3. 人工智能使人类生活更美好

在人工智能逐步走进社会的今天，人类的生活从消费领域、生活方式到城市基础设施的改变，再到社会秩序的监督保障，都在被人工智能由点及面的改变。扫地机器人、智能家居系统、无人驾驶等，把人类从繁复琐碎中解放出来，给人类带来了更多的自由时间，让人类有更多的机会根据自己的兴趣爱好从事各种活动，为人的全面发展提供可能性，从而使人类生活更幸福美好。

三、未来：成为自由而万用的“人”

纵观世界文明发展史，人类先后经历了农业革命、工业革命、信息革命。每一次技术革命都给人类生产生活带来巨大而深刻的影响。现在，以互联网为代表的信息技术日新月异，引领了社会生产新变革，创造了人类生活新空间，拓展了国家治理新领域，极大提高了人类认识水平，认识世界、改造世界的能力得到了极大提高。第四次工业革命对人的教育和认知也带来了相应挑战，人才市场将会不断提出新的要求。未来的人们必将从终身工作者转变成终身学习者，从物质生产者转变为精神服务者，从适应者转变为创造者，从追随者转变为引领者。未来所有的生存发展之道就在于去做那些人工智能做不了的、无法做得更快的且能满足未来时代特殊需求的工作，并成为不被传统束缚的、自由而万用的“人”。以下五个方面，希望能帮你塑造自己的不可替代性。

1. 分析决策能力

人工智能在设定的领域简单重复工作，收集处理完数据，只有通过人的思考分析，解读出数据背后的信息，才能转化为对发展有用的决策。同时，运用决策带领团队选择合适的道路，指明正确的方向，做出无可避免的取舍，这种多维度、多层面的系统性思考能力，是人工智能没有的。

2. 学习能力

人工智能时代，专业知识过时的速度会更快，现有的工作岗位会陆续消失，就业市场与职场技能的快速发展要求每一名员工都要不停地接受职业再教育。人们需要不断地自我学习，让自身更新的速度与时代匹配，所以找到最适合自身的学习方法，在知识、方法和素养上深度学习，是未来人类必须具备的能力。

3. 与人工智能相处的能力

人类需要理解人工智能，懂得如何与人工智能和谐相处，并利用人工智能更好地服务于自己。尽量让自己学习更多的有关数学、编码和基本工程原理的知识，即使不懂得人工智能产品背后系统的技术原理，只要能充分理解它的应用场景，了解使用规则，也仍然可以最大限度利用人工智能工具，改善自己的生活与工作，让社会变得更好。

4. 创造力

未来的人类需要更有创造性，才能充分实现未来所有新事物的好处——新产品、工作方式和技术。尽管人工智能对研究有很大帮助，但实际上这都是人类探索精神和创造力所带来的结果，比如人类能够去探索宇宙，但靠机器人是做不出来的，必须先由人类去突破思维形成理论，比如“混沌理论”等。人工智能永远只能肤浅地模仿人类的精神，不可能抓住人类的灵魂。

5. 重视通识教育

通识教育即是把各个领域的知识融会贯通，使每一个受教育者能够具有开阔的视野、健全的人格、独立的思想。通过通识教育，人可以在接触不同领域知识的过程中发现自我、成就自我，能够不断地从原先的知识中发现问题、解决问题，能够发展人类独有的认知能力、洞察能力，能够归纳总结出新的知识和规律，并用合适的语言表达出来。未来行业不断进化，只有成为具有全球视野、思辨能力、沟通能力的“思考者”，才能更好地适应未来发展。

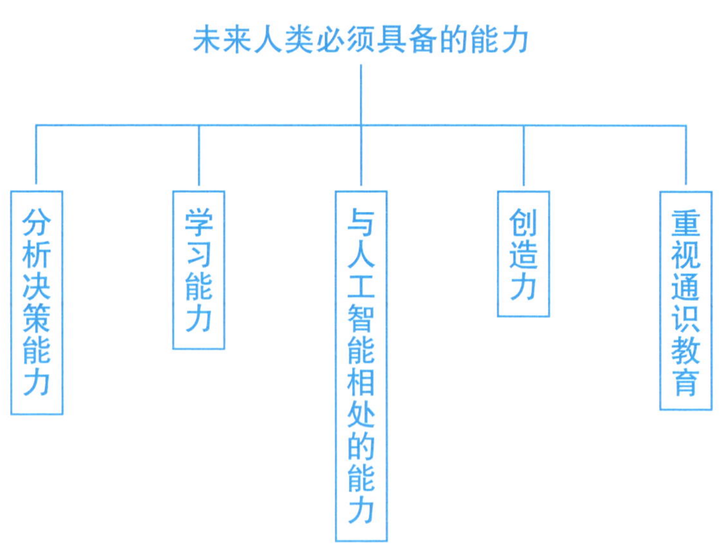

立足现在，面向未来，追踪新技术革命前沿，培养“未来型”人才[1]

一、应对新技术变革，必须面向未来

为了应对第四次工业革命，全世界都在采取措施。李克强总理提出了“互联网+”，包括“+教育”；国务院提出了“中国制造2025”；国务院发布了《关于加快培育和发展战略性新兴产业的决定》。德国提出了“工业4.0战略”，美国提出了“先进制造业国家战略计划”，日本提出了“再兴战略”，英国提出了“工业2050战略”，法国提出了“新工业法国战略”。联合国提出了《教育2030行动框架》，对未来教育提出设想和应对；中国提出了《国家中长期教育改革和发展规划纲要（2010–2020年）》，但是对未来教育还估计不足；杜占元副部长在G20峰会教育对话论坛上谈了《面向2030的教育改革与发展》。2030的教育是什么？就是未来教育。

锦城学院制定了“锦城2025规划”，这也是应对第四次工业革命的举措，没有应对是不行的。

邓小平同志早在20世纪80年代初期就提出：“教育要面向现代化，面向世界，面向未来。”教育这个事业，本质上就是面向未来的事业。当你培养一个小孩子的时候，绝对是为了他（她）的未来；当你接到一位大学新生时，你的教育至少要考虑到四年之后。所以，教育必须向前看；教育向后看，也是为了向前看。

中国科学院大学现在设立了一个“未来学院”，下面设了七个教研室；国际劳工组织总干事莱德曾表示“教师是开启世界未来的钥匙”；美国普渡大学要求“教师与其他职业一样，必须学会应用新技术，顺应新技术变革教学方法”。

所以，新技术的日新月异已经是不可阻挡的社会发展潮流，其带

1 节选自四川大学锦城学院校长邹广严教授2016年总结表彰暨教学工作会议上的讲话。

给我们的变革将不可避免是颠覆性的。面对这样的巨变，我们绝不能原地踏步，停滞不前。我们要预测它，应对它，否则就要被淘汰。

我们中国人很赞赏斯大林的一句话：“落后就要挨打”。我现在再加一句话：“落伍就要出局”。达沃斯论坛创始人及执行主席施瓦布出版了一本书，叫《第四次工业革命——转型的力量》，其中有一个小标题是“不改变就灭亡”。我们一定要记住这三句话：落后就要挨打！落伍就要出局！不改变就灭亡！

二、建设“未来型学校”，造就“未来型教师”，培养“未来型学生”

我们要走在前沿，要高瞻远瞩，这就要求我们建设“未来型学校”，造就“未来型教师”，培养“未来型学生”。

“未来型学生”是什么样？就是能适应未来新产业、新岗位的需要的学生。前几年我们就讲过，学生要具备横向可迁移的适应能力和纵向能提升的专业能力。迁移能力很重要，具有迁移能力的人，不但能够从事他所学的专业，而且还能从这个专业出发，迁移到别的专业，这种能力是“未来型学生”不可少的。

“未来型学生”要具备三个核心素养：

第一，文化基础。无论社会新技术如何发展，文化基础和底蕴都是学生应当具备的素养。特别是中国上下五千年悠久的历史文化，要求学生应当具备人文积淀、人文情怀和审美能力。而且未来随着机器进一步代替人、服务人、扩展人，很多工作可以靠机器完成，但是文化底蕴和文化艺术类岗位往往不可替代。例如，日本智库野村综合研究所与英国牛津大学合作调查分析：现在的日本劳动者中，49%的人可由电脑代替；美国可能被机器人取代的职位比例为47%，英国为35%。但是文化艺术、人际沟通类职业，很难被机器替代。

第二，科学素养。特别是批判性思维十分重要。随着计算机和人工智能的发展，知识的记忆、储存和调取很多可以由机器和电脑替代，但是对知识和信息的综合分析、整合判断就显得极为重要，这就需要学生具备批判性思维。

第三，社会公民。每个人除了是自己，还是社会公民。因此要求每一个学生除了自我发展之外，都应当有责任担当，有公民的基本素养。

美国人也在总结未来的学生要注重哪些能力，他们认为“未来型学生”应具备的核心能力应当包括——创新能力、批判能力、沟通能力、合作能力。面向未来，创新能力和批判能力是基础，互联网思维又特别强调沟通与合作。

我们培养的“未来型学生”要达到的目标是：具备新思维（互联网思维），掌握新科技（移动互联网、人工智能为代表的一系列新科技），服务新产业，胜任新岗位。

★调查：生涯人物访谈

在阅读完本章后，想必你对未来时代的发展有所了解，但又对未来自己的职业选择有些迷茫。这个时候你需要向实际从事相关职业的人了解该职业的技能要求，询问他们对未来的预测，可以比较详细、具体地了解特定职业不为常人所知的要求、工作环境和他们对人工智能时代的应对，这些可以有效地帮助你在进入这一行业前做好职业方面的各种准备。

注意：

1. 访谈对象要工作五年以上。

2. 以下问题仅供参考，个人提的问题要根据自己的具体情况进行设计，通过生涯人物访谈，是要从生涯人物那里获得对自己有用的信息。

3. 注意提问的方式，要会引导对方回答问题，从而得到你想要的信息。

4. 问题要设计得尽量口语化、易懂。

5. 注意访谈对象的经历和感受可能会过于主观，可通过采访同一行业的不同工作人员来筛选和验证。

问题：

1. 当初您为什么选择这份工作（行业和单位）？您是如何找到这份工作的？通过何种途径？

2. 就您的工作而言，您最喜欢什么？最不喜欢什么？

3. 你的职位是什么？你的主要职责是什么？

4. 从事此行业的人做些什么？

5. 您的工作地点一般在哪里？

6. 在行业内，先从什么样的工作岗位做起，能学到最多的知识，最有益于发展？

7. 您的工作场所性质有哪些特征？

8. 在工作方面，您每天都做些什么？

9. 您在做这份工作时，日常面临的问题是什么，什么最有挑战性？

10. 您个人的主要成就是什么？最成功的是什么？

11. 您在这个职位上，如果想要获得成功，必须拥有并保持什么样的能力？

12. 目前还缺乏的必须改进的能力有哪些？怎么改善它们？

13. 在你的组织中，在同样一个岗位上能把成功和不成功区别开来的行为是什么？

14. 您认为做好这份工作应该具备哪些知识、技能和经验？

15. 目前，行业内要求从事这份工作的人具备什么样的教育背景和培训背景呢？

16. 您认为什么样的个人品质、性格和能力对做好这份工作来讲是重要的？

17. 这项工作需要的个人品质、性格和能力与别的工作要求的有什么不同吗？

18. 学校中的哪些课程对从事这个行业比较有帮助？

19. 对刚进入该领域工作的员工，单位一般会提供哪些培训？

20. 在您的工作领域，初级职位和略高级别职位的薪水是什么水平？

21．男女工作者在这份工作上机会均等吗？

22．这个行业是否有季节性或地理位置的限制？

23．您对目前所从事的工作有什么满意与不满意之处呢？

24．从事这份工作实现了您的人生价值吗？您的家人对您现在的工作满意吗？

25．这个行业的人才供求关系怎样？据您所知，从事这种工作的人在单位或者行业内发展的前景怎样？

26．最近这个行业和工作因为科技进步、经济的全球化或者社会经济环境的变化发生变化了吗？特别是在人工智能的冲击下？

27．您如何看待该单位的组织文化和该领域的工作方式在将来的变化趋势？

28. 这个行业存在的困难及前景如何？

29. 您知道有什么职业杂志、行业网站或其他渠道能帮助我深入了解这个领域吗？

30. 对于我以及我的大学生活，您有什么样的建议？

◆ 第四篇

目标设立与行动计划

一、设立目标的基础

人活着要有生活的目标：一辈子的目标，一段时间的目标，一个阶段的目标，一年的目标，一个月的目标，一个星期的目标，一天、一小时、一分钟的目标。

——列夫·托尔斯泰

我们已经知道目标的意义，对自己有了更加深入的了解，对工作世界和职业岗位有一些把握，对未来充满期待，决心要好好干一场。现在，我们需要确立一个具体、清晰、有效的目标。下面将逐步介绍目标设立的前提、步骤以及原则，帮助你设定符合自身需求与发展的目标。

（一）设立目标的前提

生活在这个世界上的人都要去寻找他们想要的环境，如果他们没有找到，那就自己去创造。

——英国剧作家萧伯纳

目标驱动是我们设立目标的前提，也是我们找到自己内心最纯粹的动力，是自我驱动得以实现的基础。

人的驱动力可以划分为两种：一种为本能驱动，另一种为自我驱动。本能驱动是基于生存需要的生物性驱动，在这一点上人和其他动物一样，都需要吃、喝、睡、繁衍等。自我驱动基于内在的动力，也就是内心把一种事情做好的欲望，这种驱动力是人与生俱来的能力，具备这种驱动力，就能把握住自己的人生，而目标正是激发自我驱动的重要条件。

1. 目标导向

目标导向是激发自我驱动力的重要条件，其中目标投射效应是指目标是人基于现实环境的认知，利用大脑机制想象或者虚构出的一个“真实靶点”，再通过“靶点”产生一定的刺激作用，最终形成具有倾向性的有意识行为。

目标导向是一种思维模式，也是一种积极进取的人生态度。一个人作为行动主体，一旦具有目标导向，便对行为目标有了深刻明确的认识，进而能形成高强度的目标动机，促使其持续不断地努力达成目标。当一个目标实现后，可以适时地提出新的更高的目标，再次进入一个新的目标导向过程，从而使驱动力强度维持在较高的水平上，使人始终保持一种积极的状态。

2. 自我管理

目标驱动能够使我们控制自己的行为，约束自己的行为，也就是发挥我们的主体能动性，实现自我管理。

通过目标驱动，我们能够对自己的思想、心理和行为等表现实行管理，使我们自己把自己组织起来，实现自我管理、自我约束、自我激励，最终实现自我奋斗的目标。同时，目标驱动中的自我管理注重的是发挥个人的主体能动性，是内在驱动下的自我教导及行为约束，即制约行为是通过内控的力量而非传统的外控力量（家长、老师等）。

3. 自我实现

目标驱动是人实现自我价值的重要途径。目标驱动下的自我实现是指个体的各种才能和潜能在目标驱动力下得以充分发挥，主动实现个人理想和抱负的过程。

目标是成功的原动力，是人生的驱动力，是实现自我价值的必由之路。正如人本主义心理学家罗杰斯认为，所谓自己，就是一个人的过去所有的生命体验的总和。假如这些生命体验我们是被动参与的，或者说是别人的意志的结果，那么我们会感觉没有在做自己。相反，假若这些生命体验我们是主动参与的，是我们自己选择的结果，那么不管生命体验是快乐或忧伤，我们都会感觉是在做自己。

（二）设立目标的步骤

长板入木三分，目标志存高远，行动脚踏实地，人生笃定不移。

绝大多数人都有目标，但最终实现目标的却少之又少，这是因为他们设立的目标通常具有随意性与不确定性，缺乏严谨的分析方法与有效的执行路径，导致目标始终处于一种模糊的状态而失去了其应有的功能，最终导致难以实现。一般一个目标的设立应包含以下四个步骤：自我分析、目标确定、目标分解、行动计划。四个步骤环环相扣，依次递进，缺一不可。

设立目标的基本逻辑是：首先通过自我分析，发现自己的“长板”，完成自我认知与评价，对自己有一个清楚的认识与定位；其次，根据自我认知，采取科学有效的方法，依次确立自己的人生目标、职业目标以及大学目标；然后，运用科学的方法对确立的三大目标进行分解与分析；最后，依据分解出的目标，结合自己的实际学习与生活情况，一一对应地制定详细、具体的行动计划，并依照计划严格执行。

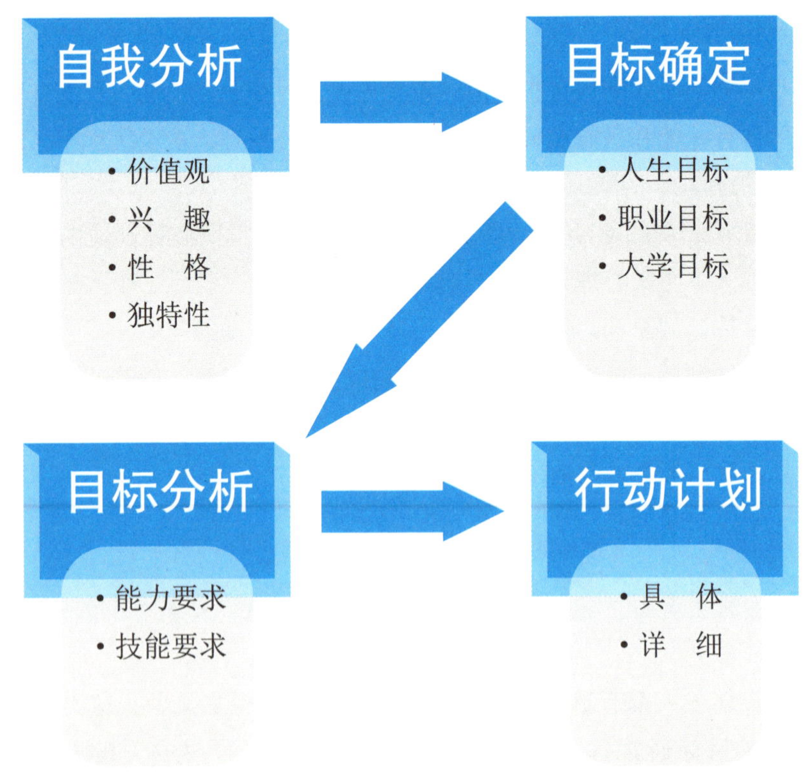

（三）设立目标的原则

任何事物的设立都离不开一定的原则，目标也是如此，失去原则的目标，如同水中之月、镜中之花，看似美好，却无法实现。为此，设定目标就需要遵循一定的原则，摈弃设定目标的误区。

1. 摈弃设立目标的四大误区

设立目标时经常容易落入以下四个误区：

（1）常常将自己的目标建立在现实的可能性上，而不是将它建立在自己的憧憬上。

设立目标不要过多考虑成败和现实，而要放眼未来，勇于挑战。尽管去任何目的地都必须考虑现实出发点，建立任何目标都必须考虑现实条件，但是，如果设立目标时过分强调现实的可行性，而不是强调对未来的憧憬，那设立的目标十有八九不会是什么太大的目标。一个人如果没有远大的目标牵引，那他的潜能就不会有太大的发挥空间。正如一句话所言："有王者的目标，才有王者荣耀。"

（2）常常根据自己现有的能力来设立目标，而不是先设立目标然后去逐一准备达成该目标所必备的能力。

目标能激发人的潜能，解放和提升人的能力。如果你先设立目标，然后去准备能力的话，你会发现能力提升的速度显而易见。根据自己能力来设定目标的人，他所设定的目标常常不会是太大的目标，并且他的能力似乎总是不见长进。因为没有大目标的牵引，能力也不会有太大的提升；能力没有太大的提升，当然也就不会达成太大的目标。能力不是天生的，它是一个相对的概念，是后天有计划地准备和锻炼出来的。设定一个具有挑战性的目标，你的能力将会在挑战中得到提升。

（3）将没有量化、没有实现的想法当成是目标。

将没有量化、没有现实性的想法当成是目标，其结果就是无法衡量进度，也无法衡量结果。不能量化的目标，不能算是一个目标，充其量不过是一个想法。设定一个可量化、现实的目标非常重要，这是目标最终达成的基本保障。很多人之所以没有实现目标，就是因为脱离了基本的现实条件和环境。

（4）根据现有的信息来设定目标，而不是先设定目标，然后再去找寻能够帮助目标达成的信息。

先设立目标，然后与目标相关的信息就会自动地向我们涌来。在我们的大脑生理结构中有一个网状系统，是专门用来过滤信息的。这个系统中，有两种信息能够自动通过，一种是我们认为重要的，一种是我们认为有危害的。目标一旦设立，我们就无疑给自己的大脑潜意识下了一道指令，与之相关的信息就是重要的信息。然后我们的网状系统就会自动地帮助我们过滤一些有用的信息。

根据现有信息设定目标，我们常常得到一些随机的、乱七八糟的信息。据统计，《纽约时报》在过去五十年总共产生了三亿条单词信息量，现在推特仅在一天的时间内就能够产生八十亿条单词信息量。在这样的信息环境下，我们很容易坠入信息的陷阱，难以对信息进行有效筛选，也难以保证目标是否适合于自己。

设立目标的四大误区

1

常常将自己的目标建立在现实的可能性上，而不是将它建立在自己的憧憬上。

2

常常根据自己现有的能力来设立目标，而不是先设立目标然后去逐一准备达成该目标所必备的能力。

3

将没有量化、没有实现的想法当成是目标。

4

根据现有的信息来设定目标，而不是先设定目标，然后再去找寻能够帮助目标达成的信息。

2. 设立有效目标的四大原则

一个可以实现的目标，是需要通过科学的方法来设立的。目标可分为有效目标与无效目标，一个有效的目标是非常重要的，它可以让我们集中精力向目标前进，激励自己坚持，还可以刺激自己主动寻求解决的方法。一个有效的目标必须符合明确具体、可衡量、具有挑战性、有完成时限等原则，否则就会成为无效目标。无效目标对我们的学习、工作生活几乎不会产生正面影响。

（1）目标是明确具体的。

目标一定要是清晰明确的，不可模棱两可。设定的目标在语言表达上要尽可能做到明确和具体。示例：

非目标：我要考取研究生。

目标：我要考上××大学××专业的研究生，成为××导师的学生。

（2）目标是可衡量的。

目标应该具有明确的评估标准，作为衡量是否达成目标的依据。如果设定的目标没有办法衡量，就无法判断这个目标是否实现。示例：

非目标：我要尽可能地阅读。

目标：一年阅读20本书，10本专业经典书籍，10本人文类书籍。

（3）目标是有完成时限的。

任何目标都必须设定完成期限，否则目标就将失去意义。只有给目标设定一个期限，我们才会感受到紧迫和限制，才会监督自身行为，真正检验出自己的努力成果。示例：

非目标：我要通过英语四级考试。

目标：我要在大学一年级下学期以 450 分以上的成绩通过英语四级考试。

（4）目标是具有挑战性的。

如果目标触手可及，根本不具有挑战性，那它对我们的行动也就没有鞭策和激励作用。没有挑战性的目标指引，人的潜能就不会有太大的发挥空间。著名的“皮格马利翁”效应（又称“期望效应”）指出：期望可以转化为促使人奋进的力量。因此，目标应当具有一定的挑战性，以便提升自己的期望值，从而产生令人奋进的动力。示例：

非目标：我要通过《材料力学》的课程考试。

目标：我要以85分的好成绩通过《材料力学》的课程考试。

对每一个目标，扪心自问：
这真的是我的目标吗？
会使我快乐吗？
我真的热切希望吗？
会使我更健康吗？
这个目标是否有违良心？
会使我满足吗？
与其他目标有矛盾和冲突吗？
会使我交到更多的朋友嘛？
我是否乐意全身心地投入？
会使我更有安全感吗？
能否想象达成这个目标的情形？
会使我和别人相处得更愉快吗？

摘自《高绩效人士的五项管理》　李践

二、设立目标的方法

在了解了设定目标的原则之后，才能在此基础上逐步设立属于自己的目标。我们将目标划分为三大类：人生目标、职业目标、大学目标，三个目标之间存在着依次递进的逻辑关系，大学目标决定着毕业之后的职业方向，而职业目标又引导着最终的人生目标。

人生目标的实现在于人生每一个阶段目标的实现。人生每一个阶段目标应怎么设立呢？在人生纷繁芜杂的选择中，每一次选择都需要有一个依据，如同夜晚道路上的指路灯，这样才能让我们坚定地走在既定的方向。那么，我们的目光应该放在终点——人生的终极目标，以这个“人生目标”为起点，再反推回来人生每一个阶段需要做什么，需要实现怎样的目标。以终为始，自上而下、由远及近，逐个击破，是实现人生终极目标的有效途径。

设立目标以终为始

（一）寻找人生目标

确定了人生目标的人，比那些彷徨失措的人，起步时便已领先几十步。有目标的生活，远比彷徨的生活幸福。没有人生目标的人，人生本身就是乏味无聊的。

——卡耐基

对绝大多数人而言，可能职业就是他的人生。但是选择什么样的目标，和你选择什么样的人生有关系。有些人喜欢下班按时回家，和家人在一起，看看书听听音乐；有些人具有强烈的职业成就倾向，需要在工作上有大的作为，获得社会认同；有些人对财富有强烈的愿望，最渴望的不是有很高的社会地位，而是有较多的财富。

20世纪80年代，美国哈佛大学的两位心理学家做过一项关于“幸福”的研究。研究对象是一些自称幸福的人。结果，幸福的人们的共同之处，不是财富，不是爱情，甚至也不是健康。他们只有两点是共同的：第一，明确地知道自己的生活目标；第二，感受到自己正在稳步地向目标前进。由此可以看出，幸福来源于人们在工作和生活中追逐目标而创造的一种有意义的感觉。因此，我们应当先想好自己要过怎样的人生，再决定要从事什么职业，然后再定下大学的目标。

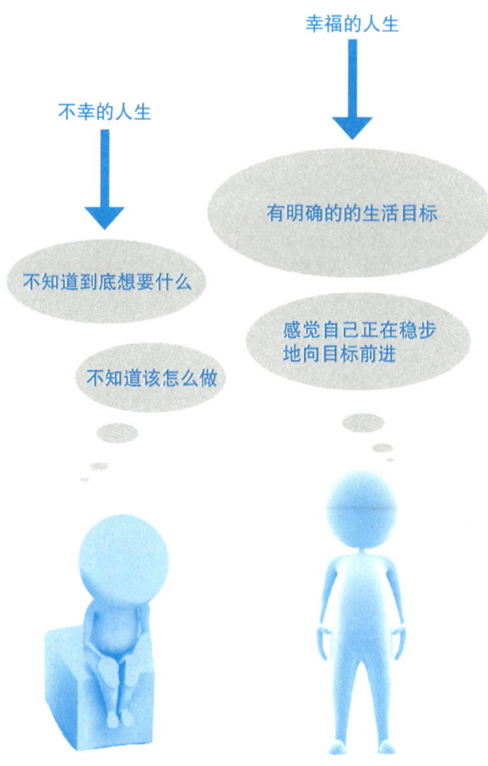

1. 人生六大目标领域

人生六大目标领域是我们人生目标的六个选择，涵盖了我们今后努力的不同方向，包括事业目标、财富目标、家庭生活目标、学习成长目标、人际关系目标、健康休闲目标六个方面内容。

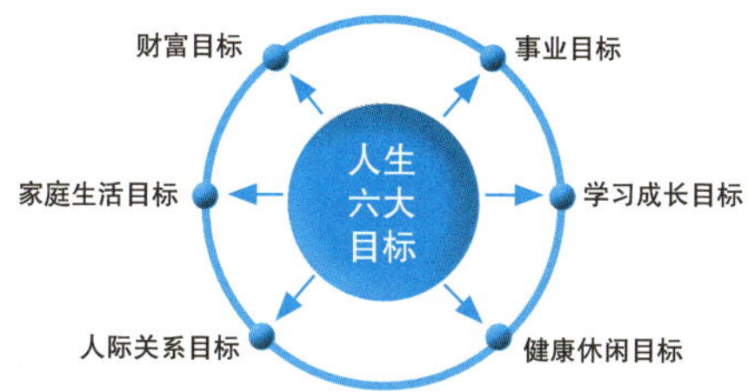

事业目标　你有什么样的梦想，你想做什么事情达到什么结果，你的工作目的是什么，什么结果会让你感到最安全，做什么事会给你带来无比的快乐……

财富目标　如果用金钱来衡量，二十年、十年、五年、三年，我应该达到的个人收入是多少？银行存款是多少？投资回报多少？数字越明确越好。

家庭生活目标　家庭是温暖人心的港湾，是我们实现事业、财富目标的有力支持。我们不能一味追求事业而忽略了家庭，事业、家庭和谐发展才是我们人生圆满的追求。

学习成长目标　在校求学阶段所获得的知识充其量不过占人一生所需的10%，而另外90%以上的知识都必须在以后的学习成长中不断获取，在一个竞争异常激烈的现代社会，学习成长目标是事业成功、财富积累的动力源泉。

人际关系目标　人脉中几乎蕴藏着你所需要的一切，制订和维护好人脉资源，某种意义上就是在维护人们不断朝着目标迈进的补给线。

健康休闲目标　如果财富目标给我们增添了无数个“0”，没有最前面的“1”我们也是一无所有。健康休闲目标就是这个“1”。

摘自《高绩效人士的五项管理》　李践

“人生六大目标”是我们一生当中或多或少都在追寻的目标，对于这六个目标，我们每人的侧重点可能不尽相同。这是因为我们是不一样的个体，自小的家庭背景、生活环境、成长经历都存在差异性，所以自我需求具有明显的个性化特点。关于如何寻找人生目标，我们不妨先看一个国外关于人生选择的实验，也许能够帮助到诸位。

石头与沙子

在课堂上，一位老教授拿了一个瓶子往里面依次放了大石头、卵石、沙子和水，然后望着台下的学生问了一句：“看明白了吗？”有的学生摇头，有的学生说好像明白了。说明白的学生说：“做事情要讲究方法”。教授不停地点头又不停地摇头。等所有的学生发言完毕后他总结道：“同学们每个人的答案都是正确的，其实很多事情是没有固定模式的，仁者见仁，智者见智。但是这里我想告诉你们的是一个和人生有关的排序问题。这个花瓶就是你的一生，你可以用多种方式来完成你的生命里程。”

正像你填充这花瓶，那些大石头就是你即将完成的大事，例如婚姻、事业、家庭；那些小石头就是你生活中次等重要的事情，例如读书、旅行、朋友聚会；那些沙子就是生活中的琐事，例如吃饭、睡觉、刷牙、洗脸；那些水就是平淡乏味的生活。当填充你人生的时候，你准备怎样安排呢？先填大石头？还是先填小石头？或者沙子和水？也就是说你准备怎么填充满自己的人生。目标可以给你一个更有深度和更有意义的人生，确定你的大石头、小石头、沙子和水，充分发挥自己的才能和潜力，每天才能过得有意义，而不是去质疑生活、埋怨生活。

正如这位老教授所言，人生很多事情不是按部就班进行，也不是随机发生，而是可以在一定的范围之内去摸索、探寻。比如人生六大目标，我们可以通过自我分析，学会对目标进行取舍，确定一条大致的路线，选择一个适合自己发展的方向，沿着这个大方向一路追寻、随时思考，逐步点亮人生路上的灯牌，拨开道路上的云雾，让这条路渐渐明晰起来，也让自己走得更加踏实与自信。

辅助阅读

人生的轨迹并不由起点决定，也不由世俗的眼光决定，而是看拿画笔的人如何下笔。心有多宽、舞台就有多大，每个人都有梦想的权力。无论你是从哪里走向自己的目标，目标的实现都是以结果为导向的。即便最后没有达到目标，至少比现在会更加接近目标。在找寻人生目标时，应清楚地认识这是一个愿景、一个远期规划，要带着长远的眼光来看。可以仔细聆听自己内心的声音，恣意地畅想，然后再对比目前的条件，为自己找到一条实现的路径。

凭空想象也许很难找到目标，问自己几个问题可能会有一些帮助：

你最喜欢看什么类型的书？关注什么类型的新闻？如果你看的书达到了该有的统计样本数目，你就应该知道自己在哪一方面有所倾向。是金融投资类、市场营销类还是官场小说类？是生活指南、职场圣经还是历史探秘？

你的偶像是谁？是那种你希望你可以成为他的那种偶像！如果你羡慕他的生活，你就可以以他为榜样来努力。

过去最让你快乐的事情是什么？活了这么多年，应该多少有几件让你喜极而泣的事情，想想是什么事情，它代表了什么样的感觉？

之后，以你的感觉为目标，建立自己的坐标系，落实到自己的生活和工作中去。人的一生，不该是随机游走，也不该是按部就班，而是在确定了坐标的象限内越走越远。

作者：Dreamer

来源：知乎

2. 选择人生目标

为了帮助同学们更好地理解、认识与选择人生目标，在此引入“个人总生命空间”概念。

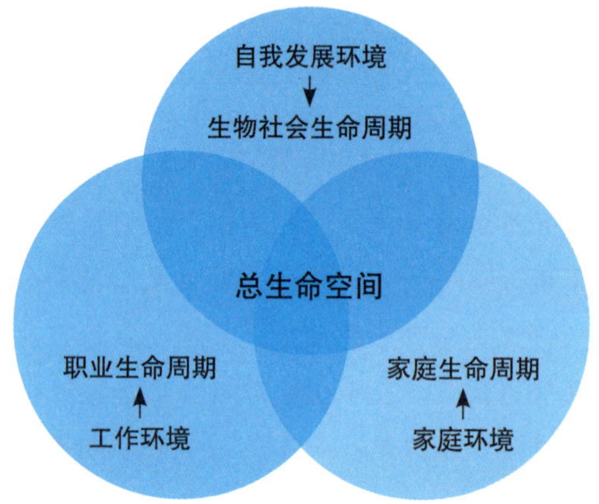

每个人都是生物性与社会性的统一，从出生至死亡的整个阶段中，有不同的生命空间或生命周期。

个体总生命空间的基本含义是指一个人生存并经历三个生命空间周期：生物社会生命周期、家庭生命周期和职业生命周期。

生物社会生命周期通常包含两方面内容：一方面是生物力，即人的生物性变化，例如，人的生老病死；另一方面是与人年龄相关的社会性变化，例如，三十而立、四十不惑、五十而知天命。

家庭生命周期指一个人从出生到死亡所经历的家庭形式，分为原点家庭与即时家庭。原点家庭一般是指从出生到正式组建新家庭（结婚）之前这一时期；即时家庭是指组建属于自己的家庭，开始新的家庭周期。

职业生命周期指一个人为了个人及其家庭的生存与发展，从事职业工作，直至退出职业工作这样一种生命活动过程。它始于早期的职业意向、教育和培训确定的工作预期，历经寻找工作、就业、熟悉工作等过程，直到退休。

从上面的介绍不难看出，个人的生命总空间是在三个周期的相互关联下形成的，每一个周期对于我们的人生来说都至关重要。每一个生命空间周期内，有其各自相对应的任务，同时各生命空间周期又相互依存、相互关联、相互影响和相互作用。可以将生命空间简单地理解为人生的三个关键要素：个人、工作与家庭，那么，人生就是一个不断重建此三者之间关系的过程，三者之间保持着动态平衡，共同维持着生命空间，只是每一个人建立的方法、时间都不一样。比如，有的人忙于工作没法照顾家人，那么他的工作周期必然增加，而家庭周期（陪伴、照顾家人时间）会适当减少。

下面几个问题或许可以对你人生目标的寻找有所帮助。

1. 如果不考虑实现的难度，你的梦想是什么？

2. 想象60岁时你的人生成就，家人、同事、朋友会怎么评价你？

3. 想象你40岁时的生活状态，请描述你一天的生活，越详细越好。

4. 你能实现你的目标吗？你的优势、劣势何在？

5. 要用什么方法才能达成你的目标？

现在，规划你的人生蓝图表
（案例示范）

类别 \ 时限	人生终极目标（60岁以后）
事业	在世界500强公司工作，成为世界一流的职业经理人
财富	拥有人民币500万以上的财富
家庭生活	1．每周进行一次家庭聚会； 2．每月至少10天时间和家人在一起
学习成长	1．获得世界前10强商学院MBA学位； 2．成为国内外大学客座教授； 3．出版专著2本以上； 4．直接或间接帮助过10万人提升和成长
人际关系	1．与中国最知名的20位企业家成为好朋友； 2．在世界各地有20位以上世界一流的企业家朋友
健康休闲	1．身体健康，没有疾病； 2．精力充沛，每周定期做各类球类运动

★写下你的人生目标

时限 类别	人生终极目标
事业	
财富	
家庭生活	
学习成长	
人际关系	

（二）定位职业目标

我们在设立人生目标时，已经对自己的事业有了初步的设想，那么接下来就需要逐步明确、确定自己的未来职业目标。同学们可以根据《大学生就业岗位调查报告》（邹广严主编）所列举的职业岗位来参考确定自己的职业发展目标。

1. 择业模拟

在进一步确认自己的职业目标前，不妨进行一次简单的模拟，假如你现在正在面试一份工作，面试官想了解你对职业规划和创业的态度，有如下几个问题，不知道你能否应对？

你的梦想是什么？

____

你想过自己创业吗？

____

你想选择什么样的行业？

____

你最理想的工作是什么？

____

你对这份工作有什么样的展望？

____

描述一下三年、五年之后的自己。

____

可能你在面对这些问题时还心有戚戚，不知如何作答或者没有明确的方向与目标，那么下面的两段文字，可能会帮助你进一步了解职业的选择。

大学毕业后的几种选择

1. 考研

利：延缓就业压力，推迟就业期的到来；有些城市，有些学校能给研究所解决户口的问题；提高自身学历，增强竞争力。

国家出台了新的研究生扩招政策，考研相对容易，能够拿到更高的文凭；学术上有创见，可以沿着这个方向一直努力，毕业后获得稳定的工作。

弊：研究生毕业后，毕业压力仍在，而且有了更为年轻的竞争者，压力越加沉重。

读研期间，不一定能学到对自身职业有用处的知识，白白浪费了积累经验的时间；研究生扩招，会出现和大学扩招相同的结果——研究所学历贬值，也许毕业后只有一个选择——考博……

研究生毕业或博士毕业后年龄偏大，失去年龄优势，特别是女生，要面临更多的年龄歧视……

学术研究，层次越高，就业面越窄，毕业后，面对更加激烈的竞争，此时却已无法放弃本专业……

建议：如果对某个专业、某种学问有无法遏制的热爱和相应的研究能力，不要浪费自己的爱好和天赋，继续深造，终有一天会有建树。但如果考研只是为了规避和缓解就业压力，建议不要考研，研究生毕业后压力只增不减，而且会使你丧失积累经验的机会，试想，2、3年内，你将与多少机会失之交臂。

年龄有时候是一种优势，因为年轻，有犯错误的时候也会有改正错误的机会，一旦年纪大了才开始接触社会，这些机会就会相应减少。试想，一个二十几岁的大学生犯了错误，单位会念在他年纪小，给予原谅；但一个将近三十岁的人犯同样的错误，会让人诧异甚至认为不可原谅。善用年龄优势就是为自己留下余地。

2. 公务员

利：稳定的收入和生活，有良好的保障；公务员收入不是最高，但福利极好；有一定的社会地位及相应的权限；职业轨迹确定，工作没有太大的浮动性；国家机构员工，本身带有荣誉性质。

弊：工作枯燥，忙起来极忙，闲起来极闲；考试没完没了，升职总与考试、考核挂钩；有些机关人际关系复杂，勾心斗角；收入稳定，但没有大幅提高的可能，只能保持平均水准；坐在清水衙门、没有晋升可能的人，很没成就感。

建议：有志从政的人、有权利欲望的人、真心想改变国计民生状况的人、想要一个稳定工作的人都可以选择考公务员。公务员这个工作对于心境淡泊、没有野心的人来说不失为不错的选择，能够保证安定的生活和充足的个人时间；但如果想要升职，则要有长期奋斗（至少15年）的决心和高明的人际头脑，否则不容易出头。

3. 国企（或事业单位）

利：稳定的收入，良好的福利保障；有国家做后盾，安全系数高；国企注重员工素质，要求员工为人处事遵循一定规则，可以学到不少东西；有些行业工作相对安逸，心理压力相对较低；国企锻炼人，能够形成良好的就业观。

弊：入门难，不容易进入；有的单位论资排辈，想要出人头地一般需要多年的奋斗；人际关系较复杂；中西部的国企，大多待遇一般。

建议：国企人际关系复杂，初入其中的大学毕业生也许会摸不着门道，而按资排辈的现实更让心高气傲的大学生心生不服，当然，国企也正在克服上述弱点。国企能够全方位地锻炼人，总的来说，国企是不错的选择。

4. 私企

利：能够发挥能力，发展空间较大；能够很快学到实用的知识；

私企工作不单调，需要一职多能，无形中提高了自己的能力；劳有所得，私企老板会按照你的贡献决定你的待遇，形成良性循环；自由性大，升职、积累经验相对更快，想跳槽也容易。

弊：风险较大，比如经济危机到来，私企一批批倒闭；有的公司不能保证福利；企业人文环境参差不齐，有些极好，有些极差；竞争相对激烈，工作环境不稳定，下岗可能性大；有些制度不合理，吃亏也只能忍着。

建议：很多毕业生愿意选择私企，认为私企的门槛较低，更易积累经验。但是，不要形成“直接进入私企”的意识，私企的素质参差不齐，毕业生缺乏经验，很容易被第一份工作定型，错误的观念和不良的职场习惯会限制你的发展。同时，私企同样有广阔的发展空间，不会束缚才能。对私企，应慎重考虑。

5. 外企

利：高薪，福利好，工作环境好；外企有系统的企业文化、管理制度，能够学到更多的东西；强调个性和创造性，有利于培养能力，也有利于搭建自己的人脉；注重员工发展，给予员工诸多培训；实力雄厚，不会出现拖欠工资、罔顾员工权利等现象。

弊：起点高，发展空间不大；工作量大，加班加到吐血；竞争激烈，神经随时紧绷；打入核心机构难上加难；对外语有很高要求；

建议：外企的高薪高酬是很多毕业生追求的目标，进入外企，感受成熟的企业环境和管理系统，有利于毕业生学到更多的东西，不论是个人能力、行业观念还是企业文化意识。外企能够全方位地充实员工的头脑。但是，外企竞争激烈，职位也只能到一定级别，有些聪明人会进入外企学习先进的管理经验和技术，然后自己创业。

6. 留学

利：增长见闻，开阔视野，成为一个有见识的人；掌握一门外语，受益终身；磨炼自己的生存能力，培养自己的吃苦精神，学习外国人的优秀之处；好的学校，好的专业，能够学到真正的知识，拿到过硬的文凭；有机会进入外国公司或者移民。

弊：出国留学需要大笔金钱，投资不一定有相应回报；国外消费水平高，也许你会常常感到入不敷出；有些国家排他性强，你无法真正融入同学之中；外国的经济危机闹得厉害，工作机会更少；如果没有学到真正的知识，会白白浪费几年光阴和大笔金钱。

建议：年轻的时候有机会多见见世面，是件好事。如果有条件出国留学，不妨出去。但是，如果没有好的学校或者好的专业，大可不必出国镀金，把同样的资金用来创业或投资意义更大。

7. 创业

利：不必为人打工，自己的事业自己做主；全方位锻炼人的能力；最大限度激发人的潜质；培养系统性的思维能力；创业成功的成就感无可取代。

弊：目前中国的创业环境并不成熟，需要一笔较大开支，需要长远目光和周密规划；毕业生社会经验少，眼高手低，盲目乐观，容易碰壁，创业失败打击大。

建议：大学毕业生想要成功创业，不只需要远大的理想，还要有激情、行动力、领导能力、商业信用和超强的适应性，毕业生不论是心智、观察市场的眼光、领导气质都还有一定欠缺。想创业的人不必急于一时，进一家好公司，积累了丰富的经验和人脉，再辞职创业更为妥当，成功率也更高。

8. 自由职业

利：充分发挥自己的才能和爱好，时间自由、充裕；能够全面安排自己的生活；挑战性高，生活不枯燥；按照自己的理想生活，心灵充实。

弊：没有稳定收入，必须自己注意社保和养老问题；脱离社会太久，不容易融入；对自制力要求极高；会有入不敷出的情况；有江郎才尽的顾虑。

建议：自由职业适合有艺术气质的人，SOHO一族的生活虽然令人羡慕，但存在的隐患也不容忽视，自控力强、计划性强、有理财观念的人能够适应自由职业，并保证自己的生活；容易产生惰性的人，还是需要工作来规范，不建议太过“自由”。

摘自百度文库

大学毕业后的几种选择

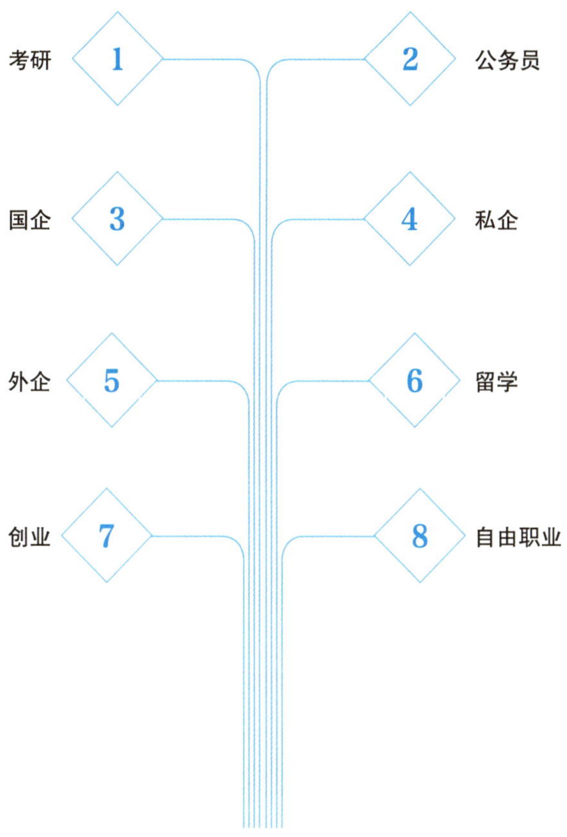

选择最适合自己职业的九大前提

编译/姜汉忠

“蒂姆战略”网站的创建人蒂姆•特雷尔–史密斯接受记者访问时，就如何选择最适合自己的职业回答如下：

第一，你的天赋是什么？我们都有与生俱来的才干，有些事情对我们来说轻而易举。当我们运用这种天赋的时候，时间过得很快，我们也会收到才干应该得到的回报。了解自己的天赋所在是选择职业的关键。当然，我们也能做其他事情，但是其他工作干起来更像工作。你喜欢做什么？如何将你的才能运用到工作中？

第二，你的工作风格是什么？尽管我们有时候没有认识到，实际上每个人都有自己的工作风格。这种风格有时候会与职业选择冲突。例如，弹性工作制会让你提交工作计划日期多有不同，可是组织严谨的环境则要求严格的交接日期和工作程序。什么样的工作更适合你？在何种环境工作更能发挥你的潜能？

第三，你喜欢在什么地方工作？你比较喜欢的工作地点在哪里？你喜欢的工作地点既可以是本地区一个小办公室，也可以是公司总部或者家庭办公室、机场旅馆和海边别墅。你喜欢多长时间离开家一次在外面工作？你愿意出差吗？如果靠旅行箱生活让你畏缩不前，你就需要在一个固定的地方工作，这样你就不要选择那些需要经常出差的职业。

第四，你喜欢社交吗？你喜欢团队工作方式吗？他人的需要以及你提供解决方案的能力能让你跃跃欲试吗？这很关键，因为很多人不愿与人建立联系，更愿意做幕后英雄，这样一来就免了与同事和客户交往带来的复杂情况。一定要知道自己的社会需要，选择一种与你的社会需要相吻合的职业。

第五，工作与生活的平衡是否重要？单位离家近且每天晚上能在家吃饭对你来说很重要吗？你喜欢周末在足球场看自己的孩子踢足球吗？如果你想经常享受天伦之乐，那就选择一个有时间享受的职业。找一个工作时间稳定、平时与周末不怎么需要加班的工作。

第六，你希望得到回报吗？有些职业是由回报这个要素构成的，所谓的回报是努力工作的受益人不是你的公司，而是一个生病的孩子、一种濒危物种或者我们这个星球的空气质量。如果了解到努力工作能让世界发生变化这一点很重要，这也许会成为你职业选择的强大动力。

第七，众目睽睽之下你舒服吗？有些职业鼓励甚至需要雇员具备公众人格。你可能会在当地社区小有名气。如果你是一个发言人，这种名气也许会传遍全国。如果你在贸易展览会或者特别场合充当你供职公司的代表，你就会成为社区的知名人士。你对这个怎么看？是将其看成一种机会还是一种责任？如果你声名鹊起，在推进工作过程中有机会建立自己的品牌，就可以寻找那些能让你脱颖而出的职业。

第八，你会应对压力吗？有些人在做时间紧的工作时如鱼得水，或者对重大项目有兴趣。我们喜欢成为黏合一切的胶水。在这一作用中，人们信任你，期待你什么都抢着干，而且善于应对压力。当然，不同的人会有不同的压力阀。如果枪顶着脑门，你还能泰然自若，这说明你在压力大的职业中会有好的表现。如果压力让你抱头鼠窜，就找一个管理松散的工作。

第九，对薪水的要求有多高？生活中向前看，你对金钱的期待如何？现在你也许单身，也许你将来要成为家庭的顶梁柱。也许你会成为一个成功的双职工家庭成员，需要决定你是否比上不足比下有余或者在其他方面有所补偿，比如工作生活很平衡，或者薪水比较高。如果金钱是你工作的回报，就要找与之相匹配的工作。

如果你选择一个职业觉得压力很大，还有一个选择，那就是尽你所能挑选一个今天感觉不错的职业，而且你也知道将来会做某种改变。今天选择一个职业并不一定意味着你这一辈子都干这一行。决策要明智，准备对自己的长期目标做出新的评估。承认这一点，你会随着时间的推移而有所改变。你需要为钱、为自由、为平衡而改变，你的声誉也会随着你改变。不过眼下，你要把每个想法都考虑周到，这样你就会选择最适合你的职业。

摘自百度文库

选择最适合自己职业的九大前提

你的天赋是什么?

你的工作风格是什么?

你喜欢在什么地方工作?

你喜欢社交吗?

工作与生活的平衡是否重要?

你希望得到回报吗?

众目睽睽之下你舒服吗?

你会应对压力吗?

对薪水的要求有多高?

2. 择业误区

在当前较为严峻的就业形势下，如何通过对自己的准确定位，合理避开择业误区，找到适合自己的职业，是每一位同学都需要认真面对与思考的问题。

大学生就业误区

一、认为到经济欠发达地区就业难以实现自身价值，只局限在经济发达地区求职。

经济发达地区的硬环境和软环境建设都普遍优于欠发达地区，对人才的流向有着强劲的吸引力。经过多年的吸纳，发达地区的人才已经相对饱和，有些地方甚至还出现人才高消费现象。欠发达地区与发达地区比，确实存在着不小的差距，但是，由于产业的分布不同，区域的特点不同，仍然有其独特的优势。大学生到欠发达地区就业，并不是没有用武之地、难以实现自身价值，而是既可以以自己的知识和能力为当地优势产业、特色经济的发展等方面做出积极贡献，又可以在艰苦的环境中得到更大的磨炼。

二、认为到专业不对口岗位工作难以发挥优势，只局限在专业对口岗位求职。

经过几年大学的寒窗苦读，大学生打下了一定的理论基础，掌握了一定的专业知识和技术，如果能找到专业对口的工作岗位，对其自身发展无疑是有利的。但是应该看到，大学生不单有专业技术的优势，还有年纪轻、肯学习、观念新、综合素质较高等优势。是金子总会发光的！有些同学在专业不完全对口甚至不对口的岗位工作，经过刻苦学习和努力，同样能够成为内行里手，同样能够做出优异成绩。在专业不对口的岗位就业并不可怕，关键是自己如何去面对、去打拼。

三、认为到内资企业就业得不到更大的锻炼，只局限在外资企业求职。

外资企业普遍建立了比较完善的现代企业管理制度，管理理念、管理手段等都比较先进。但是，外资企业目前在我国企业中还是占少数，需要的大学生是有限的，多数大学生还是要在内资企业谋求职位。近几年来，在知识经济全球化、区域经济一体化的大格局影响下，我国内资企业的管理方式有了很大转变，产品的科技含量也有了很大提升，许多内资企业还拥有自主知识产权，拥有品牌。大学生在内资企业工作，也会能够得到锻炼，能够发挥自己的聪明才智，能够干出一番事业来。

四、认为到小企业就业埋没人才，只局限在大企业求职。

一般来说，大企业聚集了多方面的人才，科技力量相对雄厚，科研环境相对优越。但是，在人才济济的大企业工作，刚毕业的大学生未必能很快被安排在关键岗位或搞关键技术。在小企业工作固然有着不利的因素和条件，但由于小企业普遍缺乏人才，急需人才，大学生上岗后，往往就要独当一面，甚至要起挑大梁的作用。小企业通过给任务、给压力，大学生的知识、技术和能力不但不会被埋没，反而会得到充分的运用和提升。

五、认为到经济效益较差的单位就业吃亏，只局限在经济效益较好的单位求职。

“人往高处走，水往低处流。”大学生都希望到效益好、待遇高的单位谋求职位是可以理解的。但是，效益好的单位对人才的需求也是有限的，部分大学生还是要到效益相对较差的单位求职。到效益相对较差的单位工作，虽然经济收入不高，也不够实惠，但是总要比闲着强，可以在工作过程中积累实践经验，增强自身素质，提高工作本领，为今后重新择业打下基础，创造条件。

六、认为到技术性较低的岗位工作是大材小用，只局限在技术性较高的岗位求职。

大学生在学校学到的多为基础理论知识，实践经验普遍比较缺乏。目前，企事业单位招聘人才基本上都要在笔试的基础上，进行以实际工作能力为主要内容的面试。如果不切实际地选择技术含量较高的岗位，往往难过考试关。相反，如果摒除大材小用思想，把择业标准降低一点，把选择面扩大一点，竞争就业的成功率就会大得多。

七、认为选择创业冒险，只局限于就业。

大学生初出茅庐，年纪轻，社会经验少，创业是有一定风险，但并不是逼自己钻死胡同，把自己往火坑上推。近几年来，有不少大学生毅然选择创业，已经取得了骄人的成绩，为大家树立了榜样。

大学生选择创业，要做好深入细致的市场调查和分析，在选准投资项目上下足功夫，在自己相对熟悉的领域，利用所学到的知识、技术创业或合办企业，就会大大提高创业成功率。

摘自豆瓣小组

作者：小鱼

大学生就业误区

1

认为到经济欠发达地区就业难以实现自身价值，只局限在经济发达地区求职。

2

认为到专业不对口岗位工作难以发挥优势，只局限在专业对口岗位求职。

3

认为到内资企业就业得不到更大的锻炼，只局限在外资企业求职。

4

认为到小企业就业埋没人才，只局限在大企业求职。

5

认为到经济效益较差的单位就业吃亏，只局限在经济效益较好的单位求职。

6

认为到技术性较低的岗位工作是大材小用，只局限在技术性较高的岗位求职。

7

认为选择创业冒险，只局限于就业。

3. 职业锚

未来职业的选择，是一项复杂的脑力与体力工程。未来的择业，涉及各位的家庭、学习、情绪等诸多因素，是一个需要长期多方位权衡利弊的选择过程，同时也是一个人由稚嫩逐渐向成熟转变的过程。希望下面讲述的“职业锚”理念能帮助你做出适合自己的职业选择。

职业锚是美国著名的职业指导专家施恩教授提出的，是指个人在工作过程中依照自我的需要、动机和价值观经过不断搜索而确定的职业定位。换句话说，职业锚即是一个人在不得不做出选择的时候，无论如何都不会放弃的东西或是价值观。

正如“锚”这个字一样，职业锚就是我们选择自己的职业时围绕着的中心，当一个人对自己的能力、天赋以及价值观有了清楚认识后，就可以意识到自己的职业锚是什么。

同时，职业锚可以清楚地反映我们个人的抱负与追求。通过前几章的内容学习，你对自己应该有了一定的认识与了解，下面列举出了几种职业锚（施恩教授提出）的类型，你不妨试着评估一下自己属于哪一种类型。

（1）技术或功能型职业锚　倾向于从事技术或功能型职业，希望能够在专业技术方面事业有成，有所贡献。

（2）管理型职业锚　倾向于从事管理型职业，相信自己具备管理职位所需要的必要能力与价值观，比如分析能力、人际沟通能力、情感能力等。

（3）创造型职业锚　倾向于建立或者创设某种完全属于自己的东西，比如一件署上名字的产品或工艺品、一家自己的公司或一批反映自我成就的个人财富等。

（4）自主与独立型职业锚　倾向于自由职业，不希望受制于他人或组织，通常为自己独立工作或者是小型组织的合伙人。

（5）安全型职业锚　倾向于长期的职业稳定、工作的保障性，此类职业一般具有有保障的工作、体面的收入以及可靠的未来生活。

最后，值得一提的是，因职业锚的不同，对于职业成功并无统一固定的标准。因此，每一种职业下的成功，都取决于你自己的选择以及价值追求。

通过对以上内容的学习，想必你已经对自己的事业有了初步想法或者逐渐发现了适合自己的职业，那么请结合自己的人生目标，尝试制定自己的职业目标吧。

按目标设立的原则，职业目标的几个要素（行业、区域、单位、岗位、职务、时限等）必须具体明确，缺一不可，只有这样才能完成有效职业目标的确定。

职业	

（三）制订大学目标

以终为始，以人生目标和职业目标来决定你的大学目标。

在制定目标“以终为始”的原则之下，采取“倒推法”来设立阶段目标。从人生终极目标开始，反向推演，倒推时间分配，倒推资源配置，逐步制定自己60岁、40岁、30岁、20岁等阶段应该实现的目标，并收集相关信息，评估需要具备的能力。比如你的目标之一是在事业上取得成就，那你需要去倒推进入职场30年、20年、10年、5年分别需要完成什么目标，也能得出你在大学阶段需要完成的能力培养和知识储备。

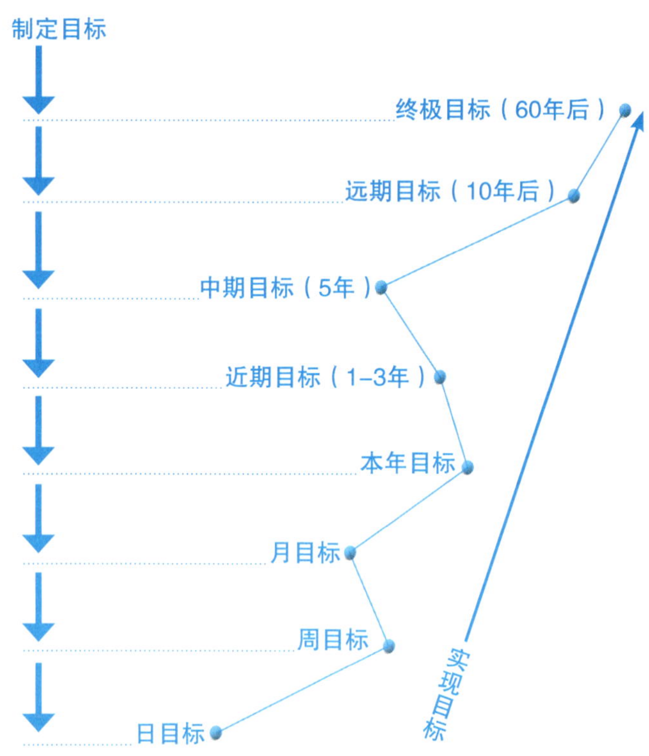

下面，我们先了解一下大学四年究竟是一个什么样的成长过程。

1. 大学，不断向目标进阶

（1）一年级为探索期　认识自我，挖掘自己的长板和天赋，发现自己的需要和兴趣；初步了解职业以及相关的要求；尝试制定自己的人生目标与大学目标。

多参与校园活动，发展自己的能力和才干，在实践中验证自己对自己的认识，不断修正自己的目标与计划。

（2）二年级为定向期　考虑清楚自己选择的毕业后的去向，了解相关要求和需要完成的任务，订立相对明确和详细的目标，着重学习相关知识、提升技能、增强综合素质。

（3）三年级为冲刺期　就业、深造、创业等目标实现都进入到冲刺期，检查个人目标与现实的差距，并有策略地进行个人综合素质的提升。

（4）四年级为实现期　充分收集当年的、与自己目标息息相关的就业、升学方面的信息，并合理利用个人和学校资源，完成自己的目标。

2. 大学，有策略的实现目标

大学规划的基本流程：自我、选择、匹配、实施。根据自我分析，从拟定的人生目标、职业目标出发向大学目标进行逆向推演。如果你的目标是成为一个优秀的职场人，你可以从现在开始，在学校就业网站或者各大求职网站上搜索你想去的某个行业岗位的招聘要求，对比自己目前的能力，试着分析自己哪些方面已经具备、哪些方面还有所欠缺，已经能具备的要保持，未能拥有的要加强，时间是你与别人拉开差距的法宝。在比较分析不同企业对这个岗位的要求的过程中，你也可以加深对这个职位甚至对这些公司的了解，从而达到既了解自己又了解其他公司和具体某个岗位，实现就业的精准定位。

⊙ 自我（self）

梳理关于自己的信息，作自我评价。可以从以下几方面入手：

· 兴趣；

· 价值观；

· 角色；

· 技能/态度；
· 喜好的环境；
· 发展需求；
· 你的实际情况。

⊙ 选择（options）

· 探究你感兴趣的职业；
· 研究你愿意从事的行业；
· 研究目前的劳动力市场现状；
· 缩小选择后探寻更多的具体信息；
· 了解想要从事的职业需解决的关键问题；
· 找寻兼职、实习或志愿者工作的机会。

⊙ 匹配（match）

将个人情况与目标职业进行对比。

· 识别可能从事的职业；
· 评估这些职业和岗位是否符合自身的情况；
· 探究可选方案；
· 对比目标职业和自身现状之间的差距，拟定短期的和长期的目标。

⊙ 实施（action）

初步拟定目标之后，进入行动：

· 梳理学校可用的教育资源以及校外其他的教育培训资源；
· 制订实现目标的个人提升策略；
· 不断更新个人简历来检查实施进度；
· 收集目标就业单位或者深造学校的信息；
· 提升就业技巧。

3. 大学，学会从学校人走向职业人

⊙ 从学校到工作

“从学校到工作”(School To Work，STW)是美国教育部和劳动部共同发起的一项在全国范围帮助学生顺利完成从基础教育向就业过渡的教育改革运动，之后其含义拓展到为学生提供职业训练和职业指导，增强其职业

意识和雇佣能力的各种行为。

STW包含三个基本组成要素：以学校为基础的学习、以职业为基础的学习和与此相关的活动。STW鼓励所有学生在校期间使自己的职业能力和学科成绩都达到高水平，把学科学习和职业活动相结合，以提早做好就业准备。

如果学生从进入大学开始就慢慢探索自己的未来目标，就可以很好地将目标与现有的学习生活相结合，有意识地加强学术课程、通识课程和职业课程的学习，有目标地发展知识与技能，为今后的工作、学习和生活做更好的准备。

⊙ 雇佣能力培养

雇佣能力(employability)由英国学者Hillaga和Pollard于1998年提出，它指的是获得最初就业、维持就业和必要时获取新的就业所需要的能力。在过去“包分配”的年代，人们往往通过学生的考试成绩来判断学生的学习成果或学校的教育状况，而现在学生就业率则更能说明高校的教育成果。大学生在大学的最后一年，就开始面临初次的职业选择并被社会所选择。此时的雇佣能力就是成功迈入职场和社会的决定因素，只有具备企业需要的雇佣能力的学生才有可能获得更高的职业起点。

大学期间，学生需要努力提升自己的雇佣能力，这包括学习能力、独立思考的能力、团队合作的能力、运用某种技术的能力甚至求职技能，等等。这些能力的组合，都与自己的最终目标有关。锁定自己的目标，分析其要求的雇佣能力，然后努力去实现。

⊙ 基于职业能力的终身学习

现在社会，大学教育已经不再被当作终结性教育，持续学习的能力被提到新的高度。通过终身学习和持续的专业发展提升眼界、学识和个人综合素质的能力，成为人生发展中获得助力的重要能力。

未来的职场，要求以职业能力为核心，并且具有充沛的精力、积极的态度、人际交往的技能、灵活性、工作经验和学习的意愿。这就要求学生在校期间除了要掌握必要的学业知识，还应该了解和获取符合社会期望的与职业相关的知识、技能和能力，重视全面发展。

Johnson&Wales的调研结果
——雇主认为取得成功的17条途径

1. 职业生涯规划	清晰的职业目标和实现这一目标的具体策略
2. 学术成就	获取雇主需要的基本技能的能力
3. 专业技能	完成技术性工作任务所需要的专业技能
4. 工作经验技能	切实的经验和现实的期望值
5. 领导力	领导、协作以及奉献能力
6. 社区服务	致力于为社会做贡献
7. 财务责任	承担自己的教育费用以及有能力理财
8. 职业化	出勤、衣着打扮以及职业道德
9. 全球化视野	国际性工作、学习和生活经验
10. 有效的沟通技巧	听、说、写的能力
11. 推荐	由别人认可的成功证明
12. 工作搜寻能力	能够独立寻找就业机会
13. 个人素质	自我管理能力以及能够有效处理与别人的关系
14. 榜样标杆	向他人学习
15. 特别的优势	在竞争中凸显出来的个人成就
16. 职业生涯管理	成功实现跳槽
17. 附加价值	可以为雇主带来何种价值?

当你沿着每一个教育阶梯前进时，你不仅会获得新的实践技能，还会获得能够证明技能的书面文件。这些书面文件将会帮助你创建新的个人履历，在面试过程中向你的潜在雇主证明你的任职资格。

资料来源：Reprinted from the Johnson&Wales University Employer Survey,2015,with permission from Johnson&Wales University.

4. 大学，你所拥有的“资源”

前面提及，当我们依据自己的人生目标、职业目标拟定自己的大学目标后，接下来需要做的就是分析自己与意愿岗位的差距，然后通过学习以及寻找资源尽全力拉近与目标岗位的距离，直到符合职位要求的条件为止。下面列举几类大学里常见的、易获取的资源，希望能够对你更快、更好、更有效地收集信息有所启示和帮助。

大学的常见资源

⊙ 图书馆

可能同学们看见“图书馆”三个字的时候，想到的第一个词语就是“学习”，这一点没问题，但图书馆不仅是学习的自习室，还是我们“免费”“修心”的地方。据毕业的同学反馈，当离开校园正式走上社会后，工作与生活中的繁杂琐事几乎榨干了每一天的时间，想找一个地方静心阅读是一件十分困难的事情。同时，图书馆内陈列了文史哲等各类名著，是我们潜心提升自我的最好时机，无论你学的是文科专业还是理工专业，始终要记得，文字功底好的人，在这个世界永远能显山露水；思辨能力强的人，在这个世界总是独具风采。语言是思想的现实表达，没有精彩的思想所谓精彩的语言就是耍嘴皮子，没有精彩的语言所谓精彩的思想是茶壶里的汤圆。可能你现在暂时还不能完全理解其中的道理，随着你大学生涯的开始，你将越来越深切地体会到它的正确，专业可以使你有知识，而阅读能够让你有文化。

⊙ 互联网

互联网是我们现代人最熟悉的事物，我们无时无刻不在与其发生着互通互联。但稍显遗憾的是，据已经毕业的同学反馈，很多同学在大学期间与互联网打交道最多的几种方式分别是：游戏、电视剧、移动社交等。诚然，娱乐是生活中不可少的一块拼图，但不能将娱乐视作我们生活的全部。互联网的出现不仅让世界娱乐了起来，更连通了外面的世界，它让你的大学不再是区区千亩的面积，它将你们与世界各个大学紧密联系在一起，你的大学可以是世界大学，你的老师可以是全球名师。你上一所大学的同时，已经相当于同时上了多所大学。网络公开课、幕课、微课等，多数资源皆出自世界名校的名师，你完全可以凭借网络任意享用。如果你读一阵大学，仅仅把互联网作为娱乐工具，没充分利用网络，那至少是你学费的损失，是你光阴的浪费。

⊙ 同学

大学里聚集着成千上万与你年龄相近的男女，大学将知识相对来说最丰富的青年聚集起来学习，大量来自全国各地的同龄人，每天一起上课下课、锻炼娱乐、饮食起居，身体相互接触，思想相互碰撞，情感相互交流，习惯相互影响。这种同学间的相互影响和刺激对人生渐变的作用，除了能让你收获同窗情谊，更能让你在潜移默化中得到升华。同学们，大学同学不仅意味着大学四年的陪伴，也意味着今后人生道路上的帮扶，当你们踏入社会后，越发会明白同学、校友的深刻含义。

⊙ 老师

我们与很多已经毕业的同学交流后发现，多数同学毕业后与大学的老师没有太多联系，而且上学期间与老师也没有太多的交往。这让很多老师都感到惋惜，对于我们老师而言，每次上下课时多么希望同学们能够主动与我们聊上几句，而不是刻意回避着我们。因为老师也是从学生时代一路走来的，我们深切地明白，等你们进入了社会，能够真心实意、尽心尽力指导你们的人实在是太少了。同学们，你们一句“老师，我想问你一个问题”基本上就能够解决问题了，几乎不需要任何代价，而且不仅是你的任课老师，而是全校的所有老师都会尽力为你解答疑惑，只要你有疑问、感兴趣，随时都可以去请教他们。如此宝贵的资源，你注意到了吗?

⊙ 学生组织

大学里有很多社团组织，我们通过与很多已经毕业的同学交流发现，多数同学认为在大学里加入社团组织并且在组织内部担任相应职位，对今后的就业确有帮助。同时我们也注意到，目前很多企业来校招聘，往往都比较倾向于招有过学生组织任职经历的同学。因为在学生组织的日常工作当中，可以培养我们的组织、协调、管理、沟通能力，而这些能力往往是课堂学习无法获得的。所以，同学们如果时间允许的话，可以加入对自己工作能力有提升的社团组织。同时如果具备某些方面的特长，一定要抓住各种机会展示自己，这不仅能锻炼自己，也能为以后的求职道路增色不少。

摘自：井民博客

上大学并不是我们的人生目标，大学毕业后还有更加漫长的人生，在漫长的人生中想要达到或接近什么目标，是我们现在必须认真思索的问题。大学生既已成年，关于人生的许多事情也已经从父母那里转移过来，变成需要你独自面对、独立思考和独立解决的命题。大学，正是产生、思考和解决这些命题的重要场所。

★写下你的大学目标

<table>
<tr><td rowspan="5">大学目标</td><td rowspan="2">继续深造</td><td>目标学校</td><td></td></tr>
<tr><td>目标专业</td><td></td></tr>
<tr><td rowspan="3">踏入职场</td><td>目标行业</td><td></td></tr>
<tr><td>目标企业</td><td></td></tr>
<tr><td>目标岗位</td><td></td></tr>
</table>

三、目标的分解

下面我们先分享一则马拉松冠军的故事。

马拉松冠军的故事

1984年，在东京国际马拉松邀请赛中，名不见经传的日本选手山田本一出人意料地夺得了世界冠军。全世界的人都好奇他凭什么取得如此惊人的成绩时，他在自传中这么写道：

每次比赛之前，我都要乘车把比赛的线路仔细地看一遍，并把沿途比较醒目的标志画下来，比如第一个标志是银行；第二个标志是一棵大树；第三个标志是一座红房子……这样一直画到赛程的终点。比赛开始后，我就以百米冲刺的速度奋力地向第一个目标冲去，等到达第一个目标后，我又以同样的速度向第二个目标冲去。40多公里的赛程，我把它分解成几个小目标后轻松地就跑完了。起初，我并不懂这样的道理，我把目标定在40多公里外终点线上的那面旗帜上，结果我跑到十几公里时就疲惫不堪，我被前面那段遥远的路程给吓倒了。

目标的力量是巨大的。不过以上这个故事强调的是：在大目标下分出层次，分步实现大目标。设立正确的目标不难，但要实现目标却不容易。如果目标太远大，往往会因为苦苦追求却无法得到而气馁。因此，将一个大目标科学地分解为若干个小目标并落实到具体的每天每周的任务上，才是实现目标的最好方法。

（一）目标“金字塔”

目标分成许多不同种类，如：人生终极目标、长期目标、中期目标、短期目标、小目标，这么多的目标并非处于同一个位置上，它们的关系就像一座金字塔。如果你一步一步地实现各层目标，取得成功就变得容易；反之，你若想一步登天，那就相当困难了。

目标“金字塔”

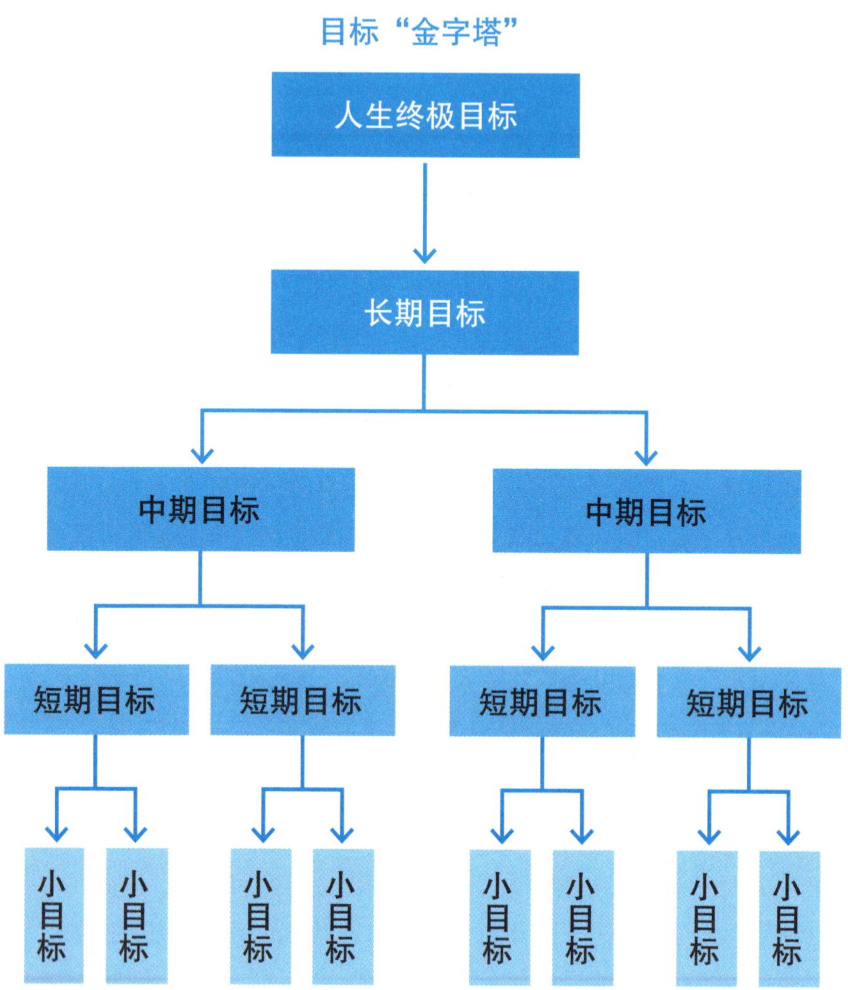

辅助阅读

人生终极目标是统帅，是灵魂，是抽象的理念，它贯穿于你生活的每一个目标，每一个目标也都体现了人生的终极目标。比如，你希望自己能为社会做出贡献，那么无论你的学习、工作、生活都会以它为标准，学习是为做贡献做准备，工作则直接创造财富，生活上做到关心社会、服务社会。每一个目标实现的同时也在向人生的终极目标靠近。

人生长期目标有一定期限，它是由数个中期目标组成的，而中期目标则由数个中期短期目标组成，短期目标则是由日常生活小目标组成。这几类目标的关系就像一棵树，长期目标是干，中短期目标是枝，而日常小目标是叶。只有实现每一个小目标，才能实现短期目标；只有实现第一个短期目标，才能实现中期目标；只有中期目标实现了，长期目标才能实现。

这好像连环套，大目标统率小目标，小目标牵制大目标，大目标是实现小目标的动力和催化剂，而小目标是实现大目标的阶梯。在目标管理体系中，就是这样彼此制约，相互影响。要制订每一步的战略目标，就必须先弄清楚它们的关系和地位才行。

摘自博客《褪黑》

（二）剥洋葱法

像剥洋葱一样，将大目标分解成若干个小目标，再将每一个小目标分解成若干个更小的目标，一直分解下去，直到现在该去干点什么。实现目标的过程是由现在到将来、由低级到高级、由小目标到大目标，一步步地前进的。而设定目标最高效的方法则与实现目标的过程正好相反，运用剥洋葱的方法，由将来到现在、由大目标到小目标、由高级到低级，层层分解。

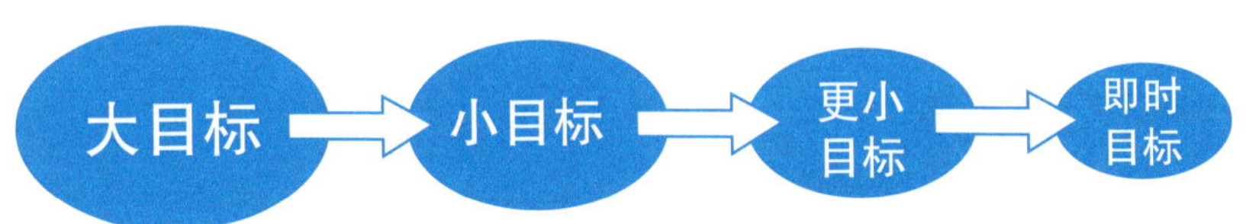

设定目标的过程当中，我们可以这样运用剥洋葱的方法。首先，定位我们的终极目标，将终极目标演化成我们人生的总体目标；其次，将总体目标分解成几个5～10年的长期目标；然后，再继续分解下去，把每个长期目标分解成若干个2～3年的中期目标；再次，将中期目标分解成若干个6～12个月的短期目标；最后，将短期目标分解成月目标、周目标、日目标。

生涯规划系统的剥洋葱图

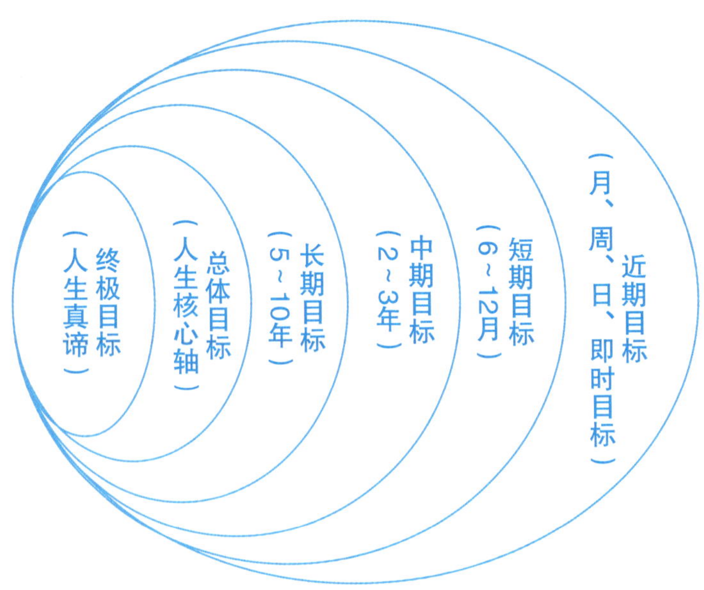

（三）多杈树目标分解法

多杈树目标分解法即是用树干代表大目标，用每一根树枝代表小目标，用叶子代表即时的目标，即现在要去做的每一件事。这是一种有条理的计划和分析方法，能确保目标和行动计划之间建立因果关系。

首先，确定一个大目标，即是目标分析当中的树干；其次，依据确定的大目标，列出完成该目标需要的每一个条件，就是大目标的第一层树杈；再次，列出达成每一个次级目标（第一层树杈）所需要的条件，即是第二层树杈。如此类推，直到画出所有的树叶，才算完成该目标的多叉树分解。每个目标最后都可以被描绘成一棵枝繁叶茂的大树，一棵完整的目标多杈树，就是一套完整的达成该目标的行动计划。

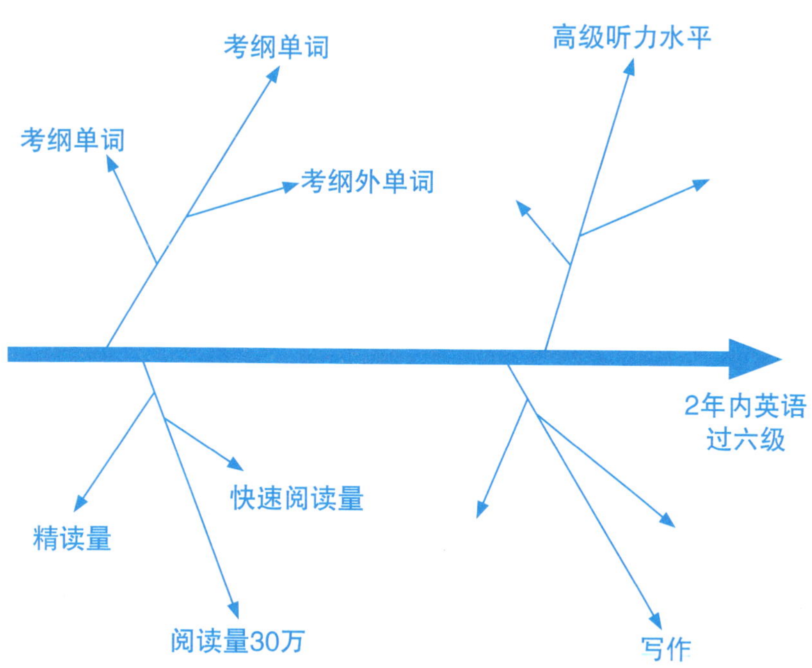

案例：

阅读《大学生就业岗位调查报告》，确定以“销售主管”作为个人奋斗目标，并对目标进行分解如下：

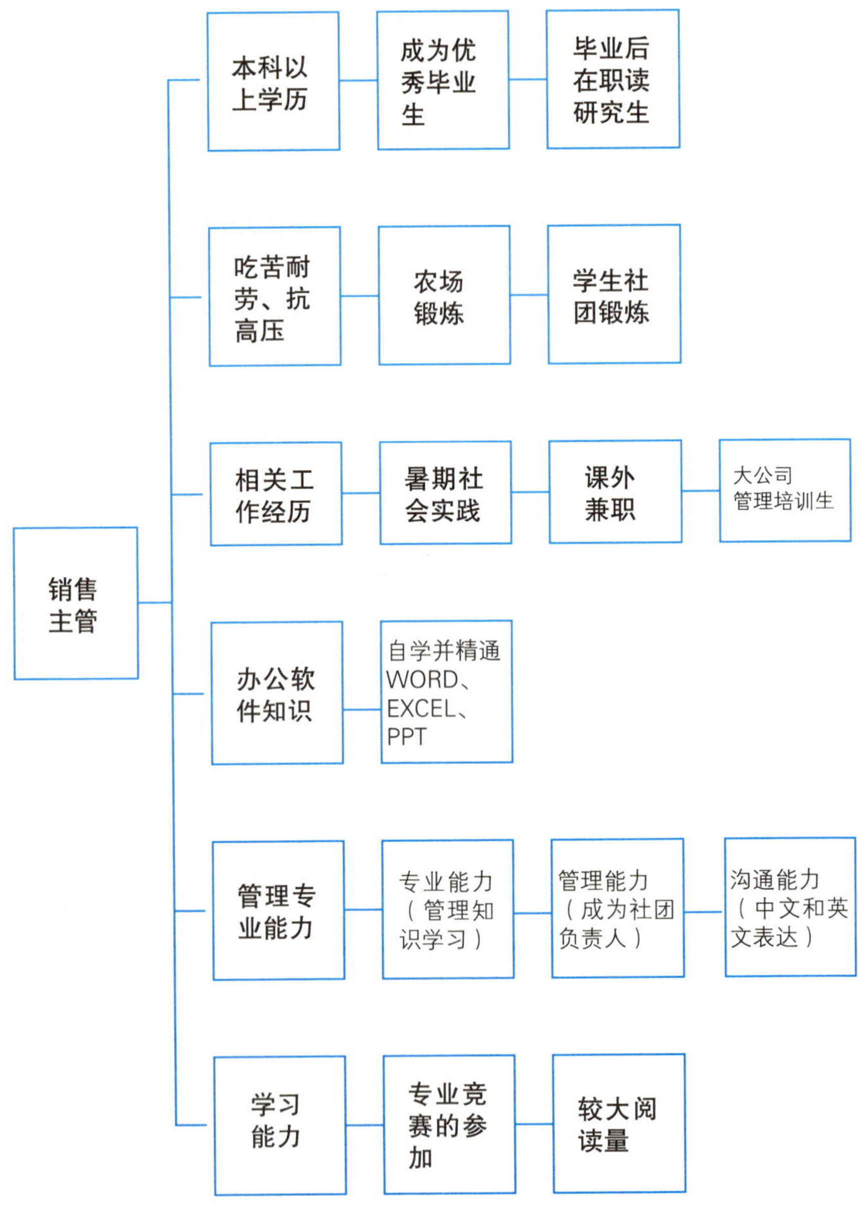

请以你的职业目标为准，参照案例对职业目标进行分解。

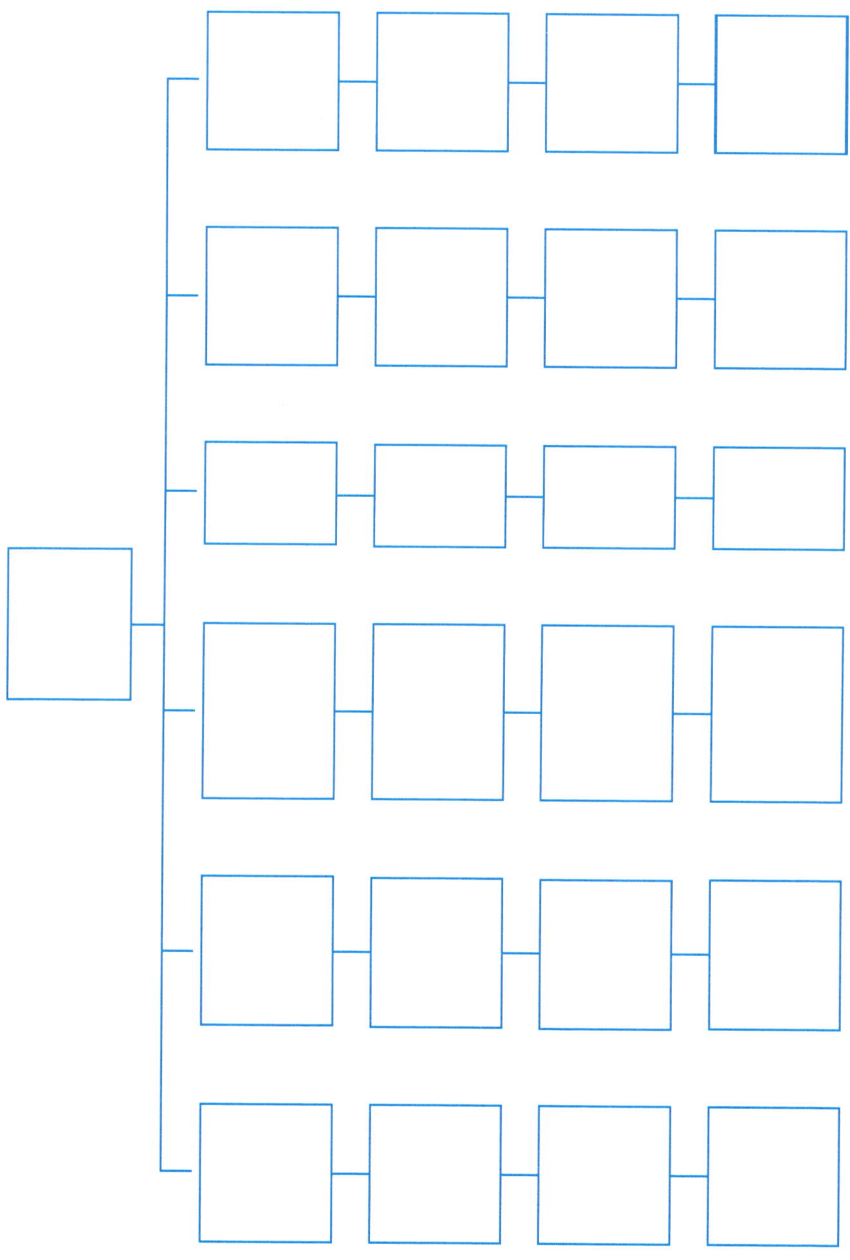

或者你也可以以这样的形式来完成目标分解。

<table>
<tr><td rowspan="10">大学目标分解</td><td rowspan="5">学业目标</td><td>班级排名</td><td></td></tr>
<tr><td>成绩分数</td><td></td></tr>
<tr><td>获得奖励</td><td></td></tr>
<tr><td>职业资格证</td><td></td></tr>
<tr><td>阅读量</td><td></td></tr>
<tr><td rowspan="5">能力目标</td><td>英语能力</td><td></td></tr>
<tr><td>计算机能力</td><td></td></tr>
<tr><td>专业能力</td><td></td></tr>
<tr><td>表达与沟通</td><td></td></tr>
</table>

★对照设立目标的原则，再一次完善自己的目标。

<table>
<tr><td rowspan="5">人生目标</td><td>事业</td><td colspan="2"></td></tr>
<tr><td>财富</td><td colspan="2"></td></tr>
<tr><td>家庭生活</td><td colspan="2"></td></tr>
<tr><td>学习成长</td><td colspan="2"></td></tr>
<tr><td>人际关系</td><td colspan="2"></td></tr>
<tr><td rowspan="5">大学目标</td><td rowspan="2">继续深造</td><td>目标学校</td><td></td></tr>
<tr><td>目标专业</td><td></td></tr>
<tr><td rowspan="3">踏入职场</td><td>目标行业</td><td></td></tr>
<tr><td>目标企业</td><td></td></tr>
<tr><td>目标岗位</td><td></td></tr>
<tr><td rowspan="9">近期目标</td><td rowspan="5">学业目标</td><td>班级排名</td><td></td></tr>
<tr><td>成绩分数</td><td></td></tr>
<tr><td>获得奖励</td><td></td></tr>
<tr><td>职业资格证</td><td></td></tr>
<tr><td>阅读量</td><td></td></tr>
<tr><td rowspan="4">能力目标</td><td>英语能力</td><td></td></tr>
<tr><td>计算机能力</td><td></td></tr>
<tr><td>专业能力</td><td></td></tr>
<tr><td>表达与沟通</td><td></td></tr>
</table>

四、目标的执行

想的好是聪明，计划的好更聪明，做得好是最聪明的。

——拿破仑

策略与规划是个人实现目标的日程表和行动方案，也是理清自己实现目标的可能性。这需要划分详细的阶段性目标，确定各个阶段的发展重点，并为此制定详细具体的行动方案。行动是前提，坚持是关键。设立完目标之后，要落实到每一天的行动，说到做到，严格执行。只有完成每一天的任务，实现每一个小目标，才能逐渐实现较大的目标，最终实现理想的人生。

（一）执行中的误区

目标有时不在于实现，而在于路上，在无法确定的道路上，我们同疑问和未知一同成长。

——佚名

在目标行动中，我们不仅需要完整详细的计划表、脚踏实地的行动力，更需要理性合理的行动方式，以此确保我们的目标最终得以实现。本节中，列举了六类行动中存在的误区。

1. 目标偏差

我们设定目标后，在朝着目标前进的路上，可能会面临这样一个问题：好像自己当初选择的目标出现了偏差，目标可能会发生变化。有人可能会为此感到焦虑，认为自己当初的选择出现了错误，并因此陷入迷惘之中。

其实，每个人在实现目标的道路上都会出现或多或少的目标偏差，因为随着阅历的增加、年龄的变化、思想的成熟、人格的健全，目标多多少少都会发生一些变化，而这些变化会帮助我们成为更好的自己。因此，面对目标偏差，最好的应对方式就是接受它，并不断积累经验，调整行动计划，踏踏实实走好每一步。

2. 错失恐惧症

错失恐惧症是指那种总在担心失去或错过什么的焦虑心情，也称“局外人困境”。在目标与行动中，具体表现为无法放弃某些目标，总是担心放弃任何一个与自己发展有关的目标都会产生不好的后果，从而导致自我焦虑。或者你也可能每天花大量时间上网浏览信息，总担心漏掉重要的信息和新闻，随时随地都是手机不离手，甚至出现一种心理等待，这可能已经严重影响到了你目标行动的进程。

面对这种情况，你应该明白，任何人都不可能不错失任何一个东西。当你总是担心自己即将失去或者错过什么的时候，你却犯了一个更大的错误，那就是最大的错过其实就是你不想错过任何东西，这时你应该考虑的是如何放弃，而不是如何不去错过。

3. 结果反噬

结果反噬是指过度关注结果，忽视过程，导致目标未达成或是产生不良情绪。当你在追逐目标的时候，是否会产生强烈的紧迫感，变得焦躁不安？当目标没有达成的时候，你是否会将整个过程乃至整个自己全盘否定，从而产生强烈的挫败感？

如果过度关注结果，就会容易焦虑疲惫，耗散精力，导致行动放缓，甚至容易陷入“功利主义”的陷阱；就算达成了目标，也只是松了口气，好结果带来的喜悦感不一定能持续得更久。其实，如果能够更多地体验过程，真切感受当前事件的发生，逐渐放下那份情绪化、功利化的盲目与冲动，你可能会更清晰地知道这件事是否值得做或者到底该如何做。当你善于享受沿途的风景时，也就不会受控于结果并且更能明白结果的真正意义了。

4. 错误“投射”

投射效应是指通过大脑机制形成目标并产生驱动力的过程。“投射”错误，就是指在目标行动过程中，错误估计实现目标的难度，导致思想上畏惧、行动中迟缓。

在目标行动过程中，你可能受到当前环境的影响，错误预估实现目标的难度，导致目标迟迟未能实现。在生活中，阻碍你走出困难和限制你发展的并不是你的能力，也不是你的知识，而是你遇到困难时夸大困难、畏惧困难。其实很多时候，你不是被困难本身难住，而是被心中想象的困难所迷惑只要你敢于迎难而上，敢于直面问题，总会找到解决问题的方法与思路。正如林肯所说：“有许多不可能，只存在于人的想象中，大多数人，总是习惯于夸大困难，不愿去尝试和努力。”

5. 贪婪倾向

贪婪倾向是指在目标行动过程中，想要实现的目标不仅要多，更要快，体现出了一定的急功近利。

适当的急功近利可以激励人们向着目标不断努力，但是过度的急功近利则会让人迷失方向，甚至还会因此产生焦虑情绪，原有的思绪也会因此而变得不再那么清晰。如果你心里有目标却不知道如何行动，那么请停下脚步，仔细思考，想想接下来的每一步都要做什么，千万不要盲目前进。实现目标的道路上，稳步踏实是不变的节奏，一定要摁住急功近利的心，不断积蓄实力，在真正需要冲刺的时候再厚积薄发，如此，便能比其他人更易实现目标。

（二）制订行动计划表

1. 制订大学四年行动计划总表

行动之前必须充分地酝酿，一旦定下决心，就应该果敢行动。

——萨卢特

制订大学四年行动计划总表时，可以在大学目标的基础上具体分析出四年的行动纲领，确定究竟要在每一年做什么才能实现大学的目标。要求从“素养与素质修炼”“学业规划”“能力训练与提升”三个方面来制定大学四年计划。

大学四年行动计划总表

<table>
<tr><td>素养与素质修炼</td><td colspan="2">（思想素养、身体素质、心理素养、礼仪素养等）</td></tr>
<tr><td rowspan="4">学业规划</td><td>大学一年级</td><td></td></tr>
<tr><td>大学二年级</td><td></td></tr>
<tr><td>大学三年级</td><td></td></tr>
<tr><td>大学四年级</td><td></td></tr>
<tr><td>能力训练与提升</td><td colspan="2">（口头表达能力、领导能力、组织及协调能力、创业能力、动手能力等）</td></tr>
</table>

2. 逐层分解、细化每日

行动，只有行动，才能决定价值。

——约翰·菲希特

2012年9月清华姐妹花学霸马冬晗和马冬昕凭一张“最牛学习计划表”走红网络。她们的计划表记录着一周内每天的课程安排、学习情况、生活情况、一天总结等数十项量化内容。她们的成功给予我们很大的启示：要想成功必须要有切实可行的计划和执行计划的行动。为了实现设立的目标，必须要有长远的计划和短期详细的计划，在开学的时候就制订好学期计划，然后制订月计划，最后将制订的计划详细分解到每一周、每一天、每一个小时。

同样作为大学生，我们可以借鉴她们的成功经验并结合自己的实际情况，制订属于我们自己的计划表，下面就来试试吧。

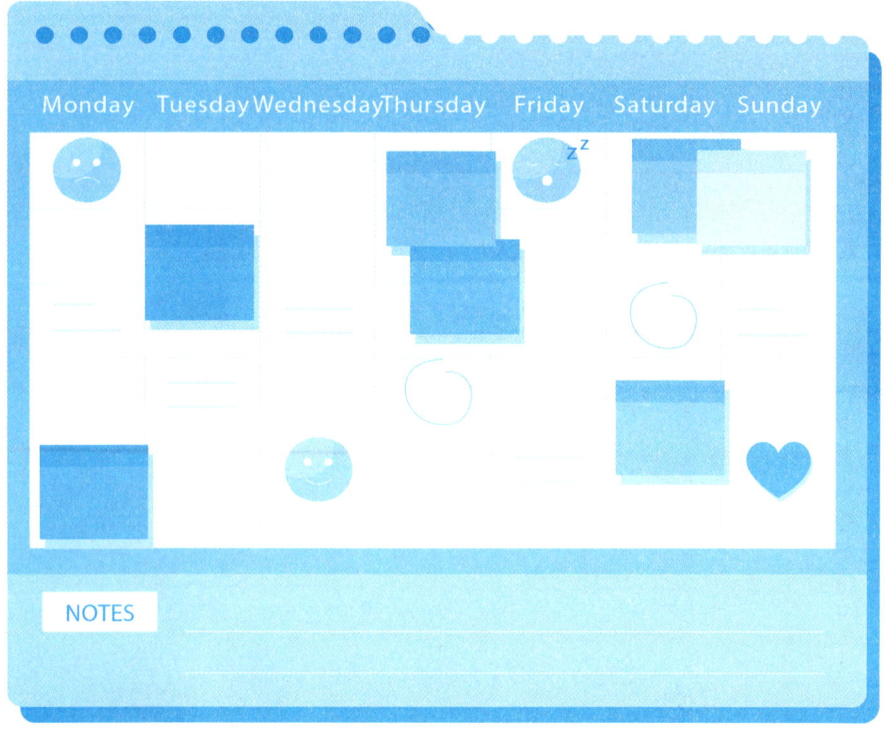

每周计划建议表一

优先 级别	周计划： 按目标重要程度规划优先顺序	完成 期限	是否 完成

每周计划建议表二

本周重要计划项目	每日完成进度记录							是否完成
	周一	周二	周三	周四	周五	周六	周日	

每日计划建议表

第　周计划	周一	周二	周三	周四	周五	周六	周日
6:30—8:20							
第1、2节							
第3、4节							
11:55—14:20							
第5、6节							
第7、8节							
17:45—19:00							
第9、10、11节							
21:25—23:00							
计划完成情况							
学习情况							
社会工作							
体育锻炼							
生活状态							
修养品行							
一天总结							

计划制订好以后，就要以坚强的毅力一点一点地去执行，然后在每天睡觉之前对当天计划的执行情况进行分析和总结。对于不能达到的计划，分析遇到的问题和解决问题的办法，以便以后再次遇到的时候就可以克服；对于执行得比较好的计划，我们要适当地给自己奖励，给自己继续执行下去的勇气。同时，每周末对本周的计划执行情况进行总结并制订下周的计划。这样，日复一日，周复一周，月复一月，积累起来就会获得巨大的成功!

（三）学会时间管理

很多时候，你认为自己失败是因为能力问题，其实只是你和牛人对待时间的方式不同而已。改变你对待时间的方式，或许就将改变你的一生。

——佚名网友

1. 时间都去哪儿了？

我们常常会感叹：时间都去哪儿了？有时我们做一件事情只需要1个小时，但却往往花上了不止 2 个小时来完成它，“拖延症”似乎已经成了当代大学生的通病。如下图所示，当你准备做某项工作时，按照计划，本来有充裕的时间完成，但是你却将工作拖到了最后，最终不得不急急忙忙赶工完成。

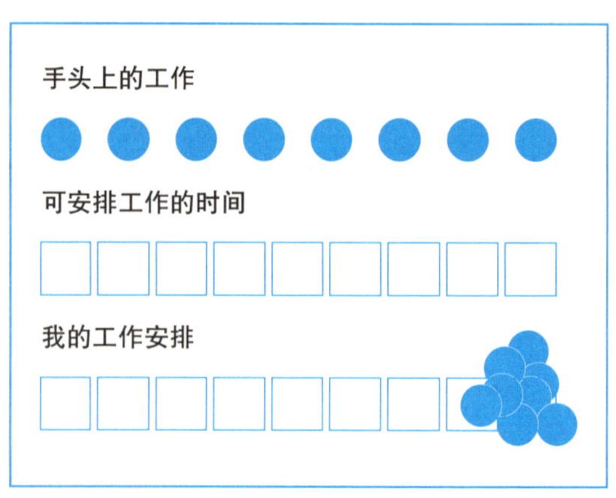

我们现在处在信息爆炸的时代，特别容易被比手头更刺激的事物所吸引，让时间在不知不觉中悄悄流逝，以致手里的工作从今天拖到明天，直到最后实在不能再拖了才急急忙忙开始。所以，保持专注、克服拖延，是我们都需要面对的问题。

从“再等等”到“死线”来临熬通宵
——超97%大学生被拖延症困扰

王小花熬了一个通宵，只在凌晨2点到3点之间睡了1个小时。闹钟一响，她赶紧爬起来坐在电脑前，把键盘敲得“啪啪”直响。如果是平时，她一定会睡到早上10点再起床，但现在，她不敢再拖了，当早上9点的闹钟响起，她就会像靠魔法加持一身礼服的灰姑娘，无处遁形。这一夜只为还她欠了两个月的论文“稿债”。她自称是“典型重度拖延症患者”，身边所有同学和朋友都知道她的“拖延症”已经进入了“晚期”。

和王小花一样认为自己有“拖延症”的大学生不在少数。近日，中国高校传媒联盟面向全国199所高校的大学生展开调查，调查结果显示，97.12%的学生认为自己有或偶尔有“拖延症”。就连吃晚饭这样日常的事，有人都能拖到晚上9点，比如杨小米，再饿也“拖”不动习惯性“床上瘫”的自己。

在张若看来，“拖延”已经成为她日常生活中的一种常态，“是一种惯性拖延”。备考教师资格证从大一“拖”到大三考前一个月才开始复习，参加英语四级考试总觉得一次不行还有下次……似乎对她而言，时间总是充裕的，补救机会也总是会有的。“不到最后迫不得已，就不会给自己太大压力”。而这样的后果是，张若并未一次性通过教师资格证和英语四级的考试。她不得不承认，自己身上的“拖延症”着实是个问题。

调查结果显示，近六成的大学生认为导致拖延的最主要原因是懒惰，27.03%的人认为拖延带来的最大后果是任务完成效率低，还有22.97%的人认为会耽误时间、工作或学业……94.5%的受访者曾因自己的拖延行为感到过后悔，哪怕只有一瞬间；90.19%的人认为自己的情绪或心态会因拖延而受到影响，22.73%的人认为拖延容易让人产生负能量。对于王小花而言，拖延症的后果，就是重度紧张和焦虑。这种焦虑在任务未完成时一直存在，随着“死线”的来临而越发尖锐，真到了要赶工的时刻，王小花会紧张得拉肚子。

摘自：中国青年报《从“再等等”到熬通宵超97%大学生被拖延症困扰》

2. 认准你的“时间价值”

所谓时间管理，就是有效地运用时间，降低变动性。时间管理的实质就是：决定什么事该做，什么事不该做，并充分利用你的“时间价值”。

在开始时间管理之前，首先要弄清楚：为什么要做时间管理。

做时间管理主要有两个目的：

（1）把最多的时间花在最重要的事情上；

（2）花最少的时间并在恰当的时间处理好不重要的事。

时间管理并不只是简单地将一个月、一周或者一天需要完成的事情安排整理成计划，而是需要我们依据自己的价值判断，判别当前事务的轻重缓急。比如当前什么对你来说是最重要的？是毕业找份好工作，还是想要考研出国？对于想要找工作的同学来说，追求成绩绩点以及花时间苦修外语不是很重要，但对于出国的同学来说，这就是一件必须要做的事。想清楚了“时间价值”这个问题，就抓住了时间管理的核心。

用你的价值观来衡量事务的轻重缓急，并决定如何分配时间，你可以通过以下10个问题来帮助自己。

1. 我为什么要做这件事情？

2. 我想要达成什么效果？

3. 我是否达成了我希望的效果？

4. 如果没有达成，我为什么还要继续？

5. 我做的事情中，哪些事情给我带来了80%（主要）效果，哪些给我带来的效果很小？

6. 我每件事分别投入了多少时间？

7. 主要效果事件，我投入的时间多吗？

8. 次要效果事件，我能减少时间投入吗？

9. 效果不好，投入时间多的事件，我是不是可以放弃？

10. 效果较好，投入时间不多的事件，我是不是可以进一步增加时间投入？

摘自：知乎

作者：王文彬

如何有效地利用时间

1. 兴趣目标

做你真正感兴趣、与自己人生目标一致的事情。我发现我的“生产力”和我的“兴趣”有着直接的关系，而且这种关系还不是单纯的线性关系。如果面对我没有兴趣的事情，我可能会花掉40%的时间，但只能产生20%的效果；如果遇到我感兴趣的事情，我可能会花100%的时间而得到200%的效果。要在工作上奋发图强，身体健康固然重要，但是真正能改变你的状态的关键是心理而不是生理上的问题。真正地投入到你的工作中，你需要的是一种态度、一种渴望、一种意志。

2. 记录时间

知道你的时间是如何花掉的。挑一个星期，每天记录下每30分钟做的事情，然后做一个分类（例如：读书、准备GRE、和朋友聊天、社团活动等）和统计，看看自己什么方面花了太多的时间。凡是想要进步，必须先理解现状。每天结束后，把一整天做的事记下来，每15分钟为一个单位（例如：1:00—1:15等车，1:15—1:45搭车，1:45—2:45与朋友喝茶……）。一周结束后，分析一下，这周你的时间如何可以更有效率地安排？有没有活动占太大的比例？有没有方法可以提高效率？

3. 零散时间

使用时间碎片和“死时间”。如果你做了上面的时间统计，你一定会发现每天有很多时间流逝了，例如等车、排队、走路、搭车等，这些时间可以用来背单词、打电话、温习功课等。现在随时随地都能上网，没有任何借口再发呆了。我前一阵和同事一起出差，他们都很惊讶为什么我和他们整天在一起，但是我的电子邮件都可以及时回答。后来，他们发现，当他们在飞机上和汽车上聊天、读杂志和发呆的时候，我就把电子邮件全回了。重点是，无论自己忙还是不忙，你要把那些可以利用时间碎片做的事先准备好，到你有空闲的时候有计划地拿出来做。

4. 要事为先

每天一大早挑出最重要的三件事，当天一定要能够做完。在工作和生活中每天都有干不完的事，唯一能够做的就是分清轻重缓急。要理解急事不等于重要的事情。每天除了办又急又重要的事情外，一定要注意不要成为急事的奴隶。有些急但是不重要的事情，你要学会放掉，要能对人说no！而且每天这三件事里最好有一件重要但是不急的，这样才能确保你没有成为急事的奴隶。

5. 要有纪律

有的年轻人会说自己“没有时间学习”，其实，换个说法就是“学习没有被排上优先级次序”。曾经有一个教学生做时间管理的老师，他上课时带来两个大玻璃缸和一堆大小不一的石头。他做了一个实验，在其中一个玻璃缸中先倒进去小石和砂子，最后大石头就放不下了；另一个玻璃缸中先放大石头，其他小石和砂子却可以慢慢渗入。他以此为比喻说：“时间管理就是要找到自己的优先级，若颠倒顺序，一堆琐事占满了时间，重要的事情就没有空位了。”

6. 二八原则

运用80%—20%原则。人如果利用最高效的时间，只要20%的投入就能产生80%的效率。相反，如果使用最低效的时间，80%的时间投入只能产生20%的效率。一天之中头脑最清醒的时候，应该放在最需要专心的工作上。与朋友、家人在一起的时间，相对来说，不需要头脑那么清楚。所以，我们要把一天中20%的最高效时间（有些人是早晨，也有些人是下午和晚上；除了时间之外，还要看你的心态，血糖的高低，休息是否足够等综合因素），专门用于最困难的科目和最需要思考的学习上。

摘自：点点网《如何管理时间》

3. 时间管理方法

时间管理方法就是用技巧、技术和工具帮助我们完成工作，实现目标。运用时间管理方法并不是要把所有事情做完，而是要更有效地运用时间。时间管理的方法非常多，但使用时间管理方法取得的效果却在于每个人，这个过程最难的就是坚持，我们不仅需要忍受大量的枯燥和乏味，还需要强大的自律。所以，时间管理很重要，方法也很重要，但是更加重要的是我们必须坚持每时每刻的自我检查，以及日复一日地自我要求。

（1）番茄工作法。

番茄工作法是由意大利的弗朗西斯科·西里洛创造的。使用番茄工作法时，选择一个待完成的任务，将番茄时间设为25分钟，专注工作，中途不允许做任何与该任务无关的事，直到番茄时钟响起，然后在纸上画一个符号短暂休息一下（5分钟），即“25+5”实践方法，每4个番茄时段多休息一会儿，直至任务完成。

番茄工作法

1. 每天开始的时候规划今天要完成的几项任务，将任务逐项写在列表里（或记在软件的清单里）。

2. 设定你的番茄钟（定时器、软件、闹钟等），时间是25分钟。

3. 开始完成第一项任务，直到番茄钟响铃或提醒（25分钟到）。

4. 停止工作，并在列表里该项任务后画个×。

5. 休息3～5分钟，活动、喝水、方便，等等。

6. 开始下一个番茄钟，继续该任务。一直循环下去，直到完成该任务，并在列表里将该任务划掉。

7. 每4个番茄钟后，休息25分钟。

在某个番茄钟的过程里，如果突然想起要做什么事情——

a. 非得马上做不可的话，停止这个番茄钟并宣告它作废（哪怕还剩 5 分钟就结束），去完成这件事情，之后再重新开始同一个番茄钟；

b. 不是必须马上去做的话，在列表里该项任务后面标记一个逗号（表示打扰），并将这件事记在另一个列表里（比如叫“计划外事件”），然后接着完成这个番茄钟。

摘自百度百科

（2）四象限法则。

四象限法则是指应该有重点地把主要的精力和时间集中地放在处理那些重要但不紧急的工作上，这样可以做到未雨绸缪、防患于未然。在我们的日常学习和工作中，很多时候往往有机会去很好地计划和完成一件事，但却又常常没有及时地去做，随着时间的推移，最终导致学习工作质量下降。因此，把主要的精力有重点地放在重要但不紧急这个“象限”的事务上是必要的。

我们可以将要做的事情按照紧急、不紧急、重要、不重要的排列组合分成四个象限，这四个象限的划分有利于我们对时间进行深刻的认识及有效的管理。关于事情是否紧急、是否重要都需要依据你自己的真实情况而定，这是一个因人而异的判别结果。

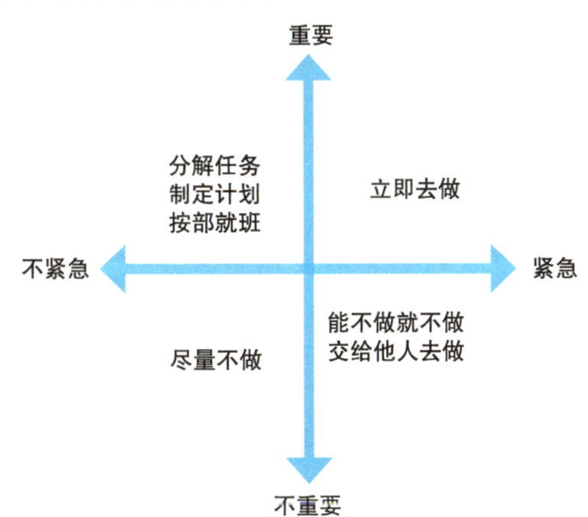

四象限法则解读

第一象限，这个象限包含的是一些紧急而重要的事情，这一类事情具有时间的紧迫性和影响的重要性，无法回避也不能拖延，必须首先处理优先解决。它表现为重大项目的谈判、重要的会议工作等。

第二象限，不同于第一象限，这一象限的事情不具有时间上的紧迫性，但是它很重要，而且会有充足的时间去准备，有充足的时间去做好。可见，投资第二象限，它的回报才是最大的。

第三象限，该象限的事情大多是些琐碎的杂事，没有时间的紧迫性，也没有任何的重要性，这种事件与时间的结合纯粹是在扼杀时间，是在浪费生命。发呆、上网、闲聊、游逛，这是饱食终日、无所事事的人的生活方式。

第四象限，该象限包含的事情是那些紧急但不重要的事情，这些事情很紧急但并不重要，因此这一象限的事情具有很大的欺骗性。很多人认识上有误区，认为紧急的事情都很重要，实际上，像无谓的电话、附和别人期望的事、打麻将三缺一等事情都并不重要。这些不重要的事情往往因为它紧急，因而占据了人们的很多宝贵时间。

摘自：《如何治好拖延症？日事清利用“四象限法则”帮你做日程管理》；作者：jaxlee

（3）时间日志。

时间日志就是记录时间的实际支出，通过统计分析后发现问题的原因，然后修正行为，让自己变得更好。时间日志如同记账一样，需要我们详细地记录下自己每天的每一个时段所做的事情，也就是具体花了多长时间做了哪些事情，把每天花费的时间详细记录下来之后，就可以清晰地看到时间都用在了哪些事情上。

坚持做时间日志具有以下好处：每小时提醒自己珍惜时间；充分地掌握自己的时间，避免轻易地原谅自己；可以根据时间日志分析自己的投入与产出；找到自己的高效时间段。

柳比歇夫的时间日志

柳比歇夫是苏联的昆虫学家，是一个把时间当作朋友的人，也是一个通过记录时间管理来修行的人。他用自创的时间统计法，记录每天 24 小时中每件事情消耗的时间，然后把每日每周每月每季度每年的时间分配情况进行整理分析。他这样坚持了 56 年，使得自己对时间有了强大而精确的感知力，对于时间的感知误差不超过 5 分钟。他通过对时间的记录，对自己有了更加清晰的了解，达到了常人不可及的成就。

他生前发表了 70 多部学术著作，其中有分散分析、生物分类学、昆虫学方面的经典著作，各种各样的论文和专著一共写了 500 多印张，相当于 12 500 页打字稿，涉及的领域有几十种。

柳比歇夫的日记模版是：某年某月某日某事，花费时间多少小时多少分。比如：

分类昆虫学 3 小时

鉴定袋蛾 20 分钟

他的时间日志不带任何感情，只记录事件和时间，每天写时间清单，然后会进行总结，再制定针对不同用途的分类详细清单：

基础科研 59 小时 45 分

分类昆虫学 20 小时 55 分

附加工作 50 小时 25 分

组织工作 5 小时 40 分

合计 136 小时 45 分

随后记录月度、季度、年度的时间总结，再进行分门别类，包含生活方方面面都会计算在内。娱乐 65 次，接着是一张清单，列举了看过的戏和电影、听过的音乐会、参观的展览会。

年度的结算如下：

1937年1840小时

1938年1402小时

1939年1362小时

就这样，他坚持了 56 年，到 82 岁时依然坚持如此。他做时间统计，也善于做时间统计。

摘自简书《柳比歇夫奇特的一生，你永远学不来》

作者：胖连OnTheWay

（四）知行合一，拥抱“平常”

我的幻想毫无价值，我的计划渺如尘埃，我的目标不可能达到。一切的一切毫无意义——除非我立刻付诸行动。

——奥格·曼狄诺

“知行合一”即知与行的统一。在目标行动中就是目标与行动的统一，目标代表着我们的思维能力，行动则代表着我们的行动力。

很多时候我们的目标没有得以实现并不是因为我们没有想到，而是因为没有做到，因为我们的行动能力不够。除了行动能力不够以外，还有可能因为我们设立的目标出现了问题，没有激发出我们内在的驱动力。对于知行合一，还有一种解释，就是一种人生态度，一种“活在当下，拥抱平常”的人生态度。

知行合一

关于知行合一，先生在《传习录》中有阐释："未有知而不行者。知而不行，只是未知。……

有如知痛，必已自痛了，方知痛。知寒，必已自寒了。知饥，必已自饥了。知行如何分得开？""今人却就将知行分作两件去做，以为必先知了，然后能行。故遂终身不行，亦遂终身不知。"

当时读到这段如醍醐灌耳。今人做事，绝大多先立志而后行，我亦属于那范畴，以致说多做少，最终落空。知行合一是味良剂，知不弃行，行不离思，慎思之，笃行之。后读黑塞也觉他与先生的思想有异曲同工之妙，这位曾深受东方禅思影响的德国人在Demian里写："only the thoughts that we live out have any value."（唯有付诸实行的思想方能谈价值）

另外《传习录》中相关的片段有："立志用功，如树使然。方其根芽，犹未有干；及其有干，尚未有枝。枝而后叶，叶而后花、实。初种根时，只管栽培灌溉，勿作枝想，勿作叶想，勿作花想，勿作实想，悬想何益？但不忘栽培之功，怕没有枝叶花实？"

与知行合一同理，先生此处指回到事物的本原，不前瞻后顾，心无旁骛地、纯粹地去做一件事。我想不会有比这更"活在当下"的人生态度。

作者：Nichole

来源：知乎

1. 慢慢来，比较快

一个好的目标决不会因为慢慢来而落空。

——林肯

“慢慢来，比较快。”这句话看似矛盾，其实却道出了人生前进路上的真谛。确立好各种大小目标后，如果一开始就希望有立竿见影的效果，过于心急反而更容易遭遇挫折而一蹶不振。你不妨选择每天努力一点点，让你能够得到及时反馈与激励，从而有了坚持下去的信心和勇气，这样看似走得慢，却也走得踏实。“慢慢来，比较快”，才是最好的行进状态。

成长始终是一个循序渐进的过程，就像“饭要一口一口吃，路要一步一步走”这句话一样，无论你现在能力如何、处境如何，你需要做的就是慢慢来，找到自己的节奏，勿与他人攀比，让自己更加踏实、更加坚定。因为慢，你可以更加从容，一步一个脚印，找准目标，不断前行。

慢慢来才是最快的

1. 人生切忌用力过猛

同事小何是个工作起来很拼命的人。每天都是加班到最晚的一个，哪怕当天并没有特别紧急的事情，她也总会一个人在工位上默默学习到很晚。照理来说，她这么努力，工作效果应该很是出色。可惜，不然。因为基础薄弱，交代给她的很多份工作都要返修3遍以上。因为学习方法并不到位，只会多看、多背，却学不会分析和思考，进步并不是很明显。而且因为晚上经常加班，睡眠时间不够充足，白天开会时经常容易犯困、精力不济。有次重要项目，大家加班到10点，都陆陆续续回家休息了，但小何依然一个人埋头苦修文案，她很想尽快做好，为团队减轻一点负担，可越着急越是想不出头绪。那天我也有事需要处理，正准备离开办公室时看到她一个人坐在工位上急得直哭。我问她怎么了，她说明明她已经很努力了，可进步却很慢，结果也总是不尽如人意，还拖团队后腿。我看她真的很难受，就和她说，“你才刚刚毕业，还有很长的路要走，为什么要在最开始时那么着急？你确实很努力了，可你的努力都是在折腾时间、折腾自己，没有真正去思考工作、思考如何让自己进步。还不如放慢自己的节奏，把你手上的每一项工作都分析透彻。慢慢来吧，你会越来越棒的，别着急。”

其实人生切忌用力过猛。无论你本身的能力如何、处境如何，成长和改变都该是一个循序渐进的事，急不得，越急反而越容易出错。这个社会，越来越才人辈出，有些人年纪轻轻就创业成功，有些人学习、工作一路顺利，值得羡慕的人太多，谁都希望能够成为同辈中的佼佼者。可每个人都有自己的人生路要走，哪怕再心急、再拼命，有些差距始终存在，一时也无法快速缩短。还不如慢慢来，把握好自己的时间节奏，少去看他人的辉煌，多着眼于脚下的路，踏踏实实地走好每一步。前面的路走得越踏实，后面的路才会越走越快。

2. 不能懈怠，也别着急

前段时间，电影《哪吒》热映，火爆整个夏天。但人人称赞的背后，却是导演饺子十年磨一剑的艰辛。饺子是学医出身，入行的时候就受到不少的歧视和偏见，没人觉得他能做好，但他不慌不忙，用努力和坚持走着自己选择的路。这部《哪吒》，是饺子带领团队死磕5年磨出来的成果，在动画行业惨淡的这些年里，他始终都在坚守着。团队有人离职，他们就继续找人；一个画面不完善，就继续打磨。现在我们看到的这部动画电影，是改过了66遍以后的最终稿。饺子说，这5年里最怕生病，因为一生病，就要住院，一住院，很多工作就要落下。但是，一切都是值得的。其实我们仔细想想，有多少人一个作品可以磨5年，在看不见曙光的市场环境下，坚定地走出自己的动画之路。

我们常说，一个人要想成功就得先磨上10000个小时。可很多人就连100个小时也做不到，总觉得努力要快速，成功也要快速。付出了一点就想要收获，但太过着急的努力还不如什么也不做。泰戈尔说："你的负担将变成礼物，你受的苦将照亮你的路。"当你愿意静下心来好好打磨、用对方法去努力的时候，就会发现：收获是会有的，只是不会来得太早；期待中的生活也是会有的，只是需要用你的汗水打下根基。不能懈怠，也别着急。学习成绩不理想，别着急，慢慢找到自己的薄弱点，一个一个攻克；工作效果不理想，别着急，慢慢打磨自己的工作技能，一遍遍改进。觉得生活很苦，就去努力创造不苦的生活；觉得生活很累，就放慢脚步，别逼自己太紧，只要不停步，总会有改变的希望。慢慢地努力、慢慢地改变、慢慢地成长，你会发现，人生前期的"慢"，终会变成人生后期的"快"。该来的，始终都会来。

3. 慢慢来，才是最快的

胡适说："凡是有大成功的人，都是有绝顶聪明而肯笨工作的人。"而凡是肯下笨功夫的人，一开始却总是不被人看好。也许会被人讽刺，吃力不讨好，也许会被人嫌弃，做了很久也不出成果，也许会受到冷眼和奚落，也许还会自暴自弃。但请相信，笨功夫越是扎实，以后的提升速度才能越快。

曾国藩曾经背书一整夜，连房梁上的小偷都会背了，他还背得磕磕绊绊。但勤能补拙，他的自律和努力让他一生都被世人铭记。小偷再聪明也只是小偷，可有些人，哪怕现在并不出彩，却总会在将来的某一刻真正地发光发亮。再比如我们欣赏的中央电视台主持人董卿，无论是气质、涵养、谈吐、举止都为人称赞，"腹有诗书气自华"好像就是专门为她写的，可这样荣誉的背后却是她每天坚持至少1小时的读书时间换来的。1小时不难，真正难的是每天坚持1小时。读书也不难，难的是让读过的书慢慢融进骨子里，成为成长的养分。这事，急不得。它需要时间的沉淀，才能让积蓄的力量得到最好的发挥。越是经历，越会发现，人生最快的捷径，就是慢慢来。你要很努力，但千万别着急。静下心来，把每件事都做好，稳扎稳打，不急不躁，才是最聪明的选择。慢慢来，才是最快的。

摘自：范书课堂

2、“意外之喜”

人生的意义就在这个过程上。你要细细体味这过程中的每节，无论它是一节黄金或一节铁；你要认识每节的充分价值。

——傅东华

在我们追逐目标的途中，往往会有“意外之喜”出现。当我们锁定某一个目标时，为了实现它，付出了极大努力，在奋斗途中，也可能取得其他的成绩，甚至取得的成绩远远高于最终的目标。这种情况称之为目标扩散效应。

在目标的扩散效应中可以发现，目标的“衍生品”是十分丰富的。这个过程如同撒网捕鱼，原本我们只是专注于一两条大鱼，但在收网时却发现同时捕获了其他的鱼。这就意味着，在努力奋斗的过程中，我们不断向着目标迈进，我们脚下所走的每一步都是收获，路途中所看到的每一处都是风景，那么，所谓“意外之喜”其实也是理所应当或者情理之中的事了。

注重过程比注重结果更重要

同学们当中或许有很多人喜欢看小说、看电影，我也很喜欢。请问你们看小说或者看电影的时候，为什么不是直接把小说翻到最后一页或者直接把电影拖到末尾呢？一下子就能知道结局不是很爽吗？为什么我们看电影的时候那么讨厌有人剧透？为什么？

原因很简单。其实，我们对结果并没有那么感兴趣。因为，与这个瞬间即逝的结果相比，过程往往精彩得多。很多时候你会发现结果并没有那么有意思。结果往往就是王子和公主从此过上了幸福的生活，The End；福尔摩斯历尽千难万险终于破了案，The End；邪终不胜正，The End。

所以，什么是结果？结果就是The End，is over；结果就是结束了，关闭了，死了。所以，结果是一朵已经开尽了的花，而过程是一个包含各种可能性的饱满的种子。结果当它出现的时候就固定了，不会再发生变化了。过程则充满了各种可能性，包含着各种神秘感。过程往往包含着奇幻的经历、奇异的遭遇，可能会带你往各个方向动态地发展。不知道大家有没有想过这样一个问题：为什么那么多人都喜欢歌颂青春，赞美青春的年华？你们有没有想过这个问题呢？

……

青春就是那颗包含千万种可能性的、无限丰富的、饱满的种子。求学过程中的各位大、中、小学生，你们这些人就是这些宝贵的种子。你们知道你们坐在一起在我看来是什么吗？你们坐在一起，对我来说就是下一个世界。你们对我来说就意味着明天。

青春就意味着万千可能性，就意味着什么事情都还是悬而未决。很多时候我们都觉得悬而未决是个贬义词，但其实，悬而未决意味着是无穷的开放性，悬而未决意味着蕴藏着无限的潜能和潜力，悬而未决意味着整片天地无限宽广地为你打开的。所以结果往往意味着关闭，但过程是打开的、是向你开放的。如果你有心，你会发现做每一件事的过程都可以是一次探险、是一次奇遇。如果你有心，你会发现，不管是大事小事还是日常生活琐事，每一个过程都会让你发现一个意外的自己，每一个过程都会帮助你有一次精神的成长。

……

你会发现，每一个小小的事件、一个小小的过程，都可以成为一次奇幻的经历，都可以带给你一些小小的惊喜……

——陈果

附件：学生“目标与行动”书

一、 自我分析与目标确立

<table>
<tr><td>姓名</td><td></td><td>年级专业班</td><td></td><td rowspan="3">贴照片处</td></tr>
<tr><td>学号</td><td></td><td>联系方式</td><td></td></tr>
<tr><td>指导教师</td><td></td><td>家庭住址</td><td></td></tr>
<tr><td rowspan="8">自我认知与评价</td><td rowspan="4">自我探索</td><td>现实我</td><td colspan="2"></td></tr>
<tr><td>理想我</td><td colspan="2"></td></tr>
<tr><td>价值观</td><td colspan="2"></td></tr>
<tr><td>测试结果</td><td colspan="2"></td></tr>
<tr><td rowspan="3">长板探索</td><td>已经显示出来的长板优势</td><td colspan="2"></td></tr>
<tr><td>排名前三的长板优势</td><td colspan="2"></td></tr>
<tr><td>“554”公式的体验</td><td colspan="2"></td></tr>
<tr><td>环境分析</td><td>职业与社会环境分析</td><td colspan="2"></td></tr>
<tr><td rowspan="5">大学目标</td><td rowspan="2">继续深造</td><td>目标学校</td><td colspan="2"></td></tr>
<tr><td>目标专业</td><td colspan="2"></td></tr>
<tr><td rowspan="3">踏入职场</td><td>目标行业</td><td colspan="2"></td></tr>
<tr><td>目标企业</td><td colspan="2"></td></tr>
<tr><td>目标岗位</td><td colspan="2"></td></tr>
</table>

二、目标分解

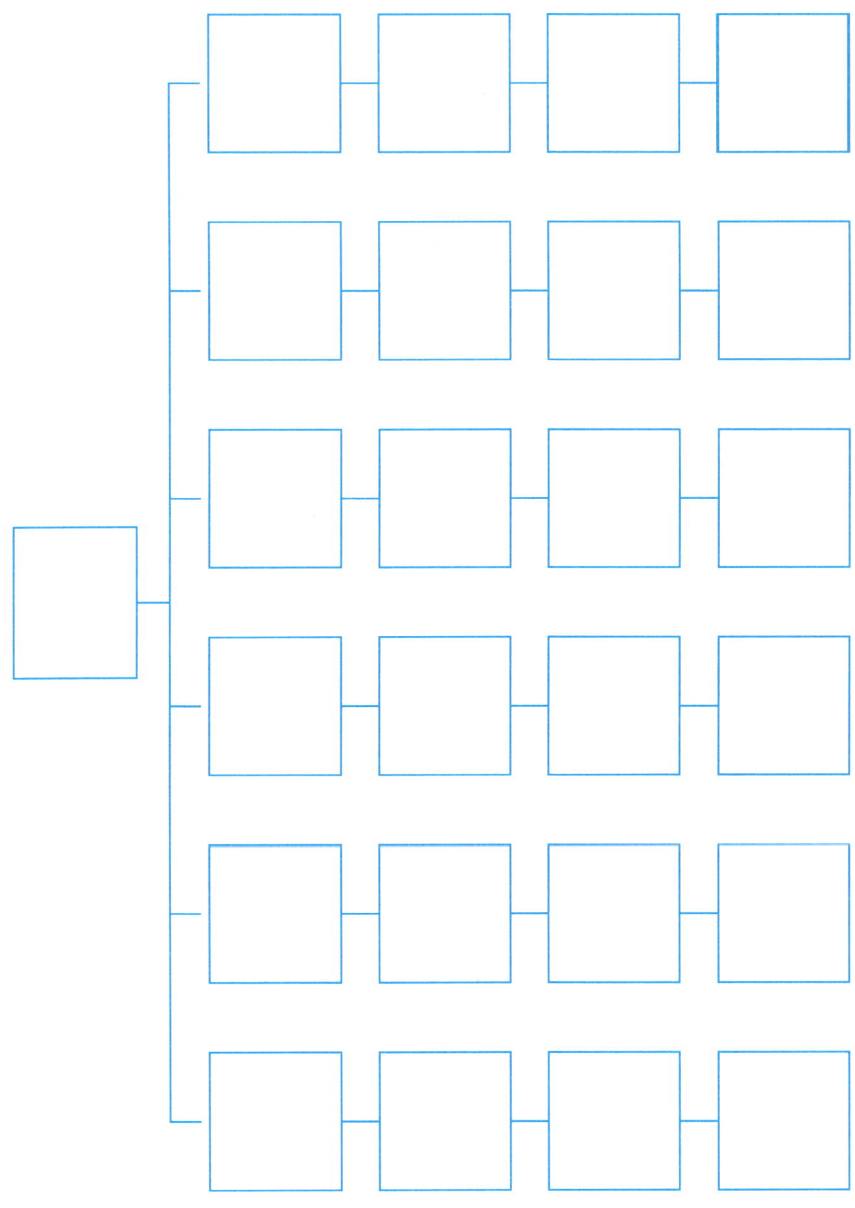

近期目标	学业目标	班级排名	
		成绩分数	
		获得奖励	
		职业资格证	
		阅读量	
	能力目标	英语能力	
		计算机能力	
		专业能力	
		表达与沟通	

三、行动计划

<table>
<tr><td>素养与素质修炼</td><td colspan="2">（思想素养、身体素质、心理素养、礼仪素养等）</td></tr>
<tr><td rowspan="4">学业规划</td><td>大学一年级</td><td></td></tr>
<tr><td>大学二年级</td><td></td></tr>
<tr><td>大学三年级</td><td></td></tr>
<tr><td>大学四年级</td><td></td></tr>
<tr><td>能力训练与提升</td><td colspan="2">（口头表达能力、领导能力、组织及协调能力、创业能力、动手能力等）</td></tr>
</table>

优先级别	周计划： 按目标重要程度规划优先顺序	完成期限	是否完成

周总结
目标完成情况
未完成目标的原因和障碍
克服障碍的对策和方法
本周创新与收获

参考文献

1 [美]彼得·德鲁克. 卓有成效的管理者[M]. 北京：机械工业出版社，2009.

2 [美]彼得·德鲁克. 管理的实践[M]. 北京：机械工业出版社，2009.

3 李践. 高绩效人士的五项管理[M]. 北京：机械工业出版社，2009.

4 [美]博恩·崔西. 目标！[M]. 海口：南海出版社，2013.

5 吕方兴. 1 张图目标管理[M]. 北京：东方出版社，2012.

6 陈江. 这样管理最高效：目标导向管理的十大法则[M]. 北京：电子工业出版社，2013.

7 (日)内方惠一朗. 加速实现目标的5×5法则[M]. 北京：中国人民大学出版社，2010.

8 [美]罗伯特·里尔登，等. 职业生涯发展与规划（第四版）[M]. 北京：中国人民大学出版社，2016.

9 洪向阳. 10天谋定好前途——职业规划实操手册[M]. 上海：上海大学出版社，2014.

10 [美]阿尔文·托夫勒. 未来的冲击[M]. 北京：中信出版社，2018.

11 [美]里查德·尼尔森·鲍利斯，你的降落伞是什么颜色[M]. 北京：中国华侨出版社，2014.

12 [美]唐娜·邓宁. 你的职业性格是什么[M]. 北京：电子工业出版社，2019.

13 [美]约瑟夫·E·奥恩. 教育的未来——人工智能时代的教育变革[M]. 北京：机械工业出版社，2019.

14 [美]吉姆•洛尔，托尼•施瓦茨. 精力管理[M]. 北京：中国青年出版社，2015.

15 [美]丹尼斯·韦特利. 成功心理学[M]. 北京：北京联合出版公司，2016.

16 [美]海蒂·格兰特·霍尔沃森. 成功，动机与目标[M]. 南京：译林出版社，2016.